ベースボールのアルケオロジー

ボール遊びから大リーグへ

佐伯 泰樹

悠書館

扉絵：Play Ball, Michael Langenstein, 1982

ベースボールのアルケオロジー――もくじ

第Ⅰ章　打撃ゲームの起源を求めて

第Ⅱ章　ベースボールの母胎

第Ⅰ章　打撃ゲームの起源を求めて

§1　すべては一本の棒きれと一個の石ころから始まった……

すべては一本の棒きれと一個の丸い石ころから始まった、と大胆に推測してみることからはじめたい。棒状のもので球状のものを打つ、それが基本中の基本である。ベースボールをはじめとして、クリケット、テニス、ホッケー、ラクロス、ゴルフ、卓球など、バット状もしくはスティック状、ラケット状の物体で球状の物体を打つゲームを人類はいくつも持っている。打撃ゲーム（batting game）もしくはボール打撃ゲーム（battingball game）と総称されるそれらのボールゲームはすべて、棒で球を打つことから派生したと考えられる。

はるかな昔――漠然と想定しているのは旧石器時代のいずれかの時期である――野獣や敵対する人間を棍棒などで打ち叩くことは日常茶飯事であったろう。あるいは、何かを潰したり、伸ばしたりするために強く打つ、叩くという作業は生活していく上で欠かせないものだった。集団が棒で武装して大型の肉食獣に対抗したり、他の集団と戦ったりすることもあったろう。しかし、差し迫った必要性もなしに地面に転がっている石を棒で、つつくのではなく、ブーンとスイングして、カキーンと打つ機会はめったになかったに違いない。

どこの誰であったかはむろんわからないが、人類史上初めて、棒状の物体で球状の物体を打った人間がいたはずである。ほんの気まぐれに打ってみただけなのか、あるいは偶発的な出来事だったのかもしれない。だが、その場限りで忘れてしまって二度とやらないのでは何も残らない。まず「面白い」「楽しい」と感動して、それを記憶にとどめ、意図的に繰り返そうと試みることが必要である。より正確に言えば、人類史上初めて棒で球を打ち、なおかつそこに面白み、楽しさを感じて一度きりですませなかった人間。大げさに言えば、その人間こそがゴルフからホッケー、ラクロス、テニス、卓球、クリケット、ベースボールに至る、すべての打撃ゲームのためにレールを敷いたことになる。

現在からふり返ってみれば、棒状物体で球状物体を打つことは、どんな打撃ゲームにでも進化しうる可能性を秘めていたのである。じっさい、いくつものバリエーションが原始的な打撃行為から枝分かれして生み出されていった。たとえばどこかに目標を定め、静止した球をそこに向かって打つことになればゴルフの原型が誕生する。目標が小さな穴だとなれば、もうゴルフというゲームが成立したも同然だ。

複数の人間がそれぞれに棒を持ち、ひとつの球をめぐって動き回る遊びが生まれれば、ホッケーやラクロスまではあと少しの距離である。球を入れる目標はゴルフのホールよりもずっと大きく、かつ立体的なものとし、さらには敵方に球を入れさせまいと防ぐ役割（ゴールキーパー）を導入し、完成形に近づいていく。また、二人の人間が棒を持ち、ひとつの球を交互に打ち合う形式はテニスの先祖になる。やがて、棒では当てにくいとわかって、板状、ネット状のものを用いるようになることは言うまでもない。それが成熟してくると、二人の人間のあいだに仕切り（ネット）を設けるという工夫がなされる。地面で打ち合うのではなく、台を用いてその上で打ち合うようになれば卓球の原型である。

バレーボールはテニスや卓球の変種とみることもできる。参加者がテニスや卓球よりも大人数になり、大きい球を地面にバウンドさせずに素手で打ち合うわけだが、あくまでも基本は仕切りをはさんだ球の打ち合いであって、テニス、卓球と変わらない。また、ひとりが転がしたり投げたりした球を別のもうひとりが棒で打つという方向に向かえば、クリケットやベースボールまではもうほんの少しの距離である。

もちろん、以上の仮説はゲームの実際の進化プロセスとは必ずしも一致しないだろうが、ゲームの形態そのものに着目すれば、打撃ゲームの系統樹が見えてくる。

§2　ジャストミートの感触よ、もう一度！

では、棒で球状物体を打つという単純な行為がより複雑な打撃ゲームへと発展するのに、どのような道筋をたどったのだろうか。原始的な打撃行為はいかなる過程を経て、我々の思い描くベースボールの原型へと近づいていったのか。思い切って空想の翼を広げてみたい。

前述のように、主として石器が使用されていた時代を想定しよう。

もともと、日常生活にあって、ものを投げる動作は決して珍しくない。狩猟の対象である獣や鳥、人間を襲う猛獣、はたまた敵対する人間など、動いている標的めがけて石や土くれを投げつけることも容易に想像しうる。弥生時代の遺跡からは、明らかに投げるのが目的で作られたとおぼしき石や土の弾丸が出土しているほどだ。「ホモ・サピエンス（理性的人間）はホモ・フンディトール(Homo funditor)、すなわち投石人でもあった(1)」と言い切る研究者もいる。

的をめがけてものを投げるという行為は、思った以上に複雑なプロセスから成り立っている。「流れるような一連の投球動作を制御しているのは、すなわち筋肉の収縮と弛緩を適切かつすみやかに進行させているのは、神経系がつかさどる生理学的なプロセスである(2)」。的を狙って正確にものを投げることは類人猿にはできない。とすれば、投げることが人間の言語能力や知性の発達を促したとする仮説(3)もあながち荒唐無稽とは言い切れない。

他方、棒状の物体で生物、無生物を問わず何かを打つ、叩くという行為もごくありふれたものである。しかしながら、棒状の物体で空中にあるものや飛来してきたものを打つという動作は、よほどの偶然がなければ起こらない。つまり、日常生活において、球状のものを投げることと、棒状のもので何かを打つということとのあいだには接点がないのだ。両者はどこで出会い、合体するに至ったのか。

空中にある球状の物体を打つことに関しては、たとえば他の集団との戦闘で偶然にヒントを得たという可能性がある。こちらは棍棒で武装していて、敵はさかんに石を投げてきた。あるいは、まず石（飛礫）合戦から戦闘が始まり、こちらが棍棒を手にして突撃に移っても相手方はなおも石を投げ続けている、という状況があった。飛来する石が身体に当たりそうになったので思わず棍棒を振り回したら、運よくジャストミートして石は勢いよく飛んでいった。

ここでさらに想像をたくましくすることをお許し願いたい。棒と石が衝突した瞬間、静止した物体を打ったのでは得られない、確かな手応えが感じられるのである。経験したことのない快感が身体じゅうを突き抜ける。打った当人は「何なのだ、この未知の感覚は？」と思ったにちがいない。棍棒を振り回すこの戦士は、飛来する物体を手の延長である棒の真芯でとらえることの爽快なカタルシスを初めて味わったのである。

とはいえ、まずほとんどの人間はそれ以上どうしようとも思わない。何しろ、平均寿命は現在に比べてずっと短く、ともかくも日々の糧を得て餓死せずに生き延びるのが精一杯という過酷な生活を送っているから、とても余計なことを考える余暇も余裕もない。もちろん、スポーツという概念もなかった。飛来してきた石をジャストミートするというせっかくの貴重な経験も、あっさり忘れてしまったかもしれない。

ところが、なかには奇跡的に物好きがいて、戦いがすんで落ち着いてから、棒と石との衝突を思い出し、それを何とか再現してみたい誘惑にかられる。「あの快感、あのカタルシスよ、もう一度」

というわけだ。そこで、片手で石を真上にほうり、それを棒で打ってみようとする。ベースボールのノックの要領である。慣れないうちはなかなか当たらないが、次第にコツをのみこんでくると当たるようになる。だがそのうちに飽きてきて、垂直方向に自然落下してくる石では物足りなく思うようになる。落ちてくる石ではなく、前方から水平に近い角度で飛んでくる石を打ち返したいのだ。そこで、仲間の誰かに頼んで軽く石をほうってもらうことを考えつく。それに棍棒をぶつけようというわけである。トスバッティング、あるいは軽いバッティング練習というところだ。

　投げることと打つことの偶然の出会いは、戦闘においてではなく、仲間がたわむれに投げつけてきた木の実などを棒で打ち返したことがきっかけになったかもしれず、そうであるならばなおさら話は早い。動物や人間に何かをぶつけ、殺傷することが目的であった投げるという動作が、ここで初めて、打ち手に打ってもらう目的に転用されることになった。これこそまさに、打撃という動作がクリケットやベースボールの方向へと向かいはじめた決定的瞬間だった。

　自分でトスを上げるのとは勝手が違い、最初は空振りばかりだったが、慣れてくると、だんだん当たるようになってくる。カーンと快音を発して石が遠くへ飛んでいったときには、気分が爽快になる。そうなるともう楽しくて楽しくて仕方がなくなり、何度も何度も繰り返す。この得《え》も言われぬ快感はやみつきになるのだ。しかし、二人でやっていると、トスする（投げる）側はトスばかりで打撃の快感を味わえずにつまらないから、自分でも打ちたくなってくる。そこで交代で打とうという取り決めができる。

大事な狩猟や採集、道具作りなどそっちのけでバッティングに興ずる二人は、「あいつら、仕事もしないで何をやってるんだ」と変人扱いされて、白い眼で見られたことだろう。けれどもそのうちに、二人の奇妙な遊びを見ていて、これは面白そうだというので、ひとり、ふたりと加わる者が出てくる。いくら生きるために獲物や木の実を得ることが最優先される生活とはいえ、楽しみ、潤いを求める気持ちや未知の事象への好奇心はやはりあったろう。同好の士が増えてくると、打つ機会が各自にできるだけ均等に、なおかつ公平に与えられなくては不満が生じる。そこで、恣意的でなく誰もが納得する交代のきっかけが決められることになる。たとえば、七球打ったら交代、五回石に当てたら交代、三回空振りしたら終わり、というふうに。

そうすると、最初はジャストミートの快感を得るために、ただただ楽しくてやっていたのだが、やがて競争、勝ち負けという要素が入り込んできても不思議はない。誰が一番か決めようではないかというわけだ。競う対象は、石の飛距離であったり、続けて何本石に当てたかであったりする。こうして、多勢が参加可能なひとつの原始的競技として成立する。けれども、それだけではまだ試合前のアトラクションであるホームラン競争のようなもので、たんなる飛距離コンテスト、個人と個人の競い合いにすぎない。

参加する人数が増えてくると、打者も投手も公平に交代していくシステムを作るのはなかなか骨が折れる。うまく回転しないと、なかなか順番がまわってこない者から不満の声が上がるかもしれない。そこで、投げることに専念する者が現われ、何らかの形で打つ順番が決まり、ようやくことがスムーズに運んでゆくようになる。すると、打者と投手の二人以外は、ただ見ているだけでは退屈だ。石が遠くまで飛んだり転がったりすれば、どうせ誰かが拾いに行かなくてはならない。投げて打つのに手頃な石はそうざらにあるものではないのだ。それなら、あらかじめ石が飛びそうな場所で待ちかまえていようではないか、と考える。こうして捕球、守備という要素が新たに導入される。それだけで何となくすんでしまう場合もあれば、さらに一歩進んで、守備をするのは投げ手と同じ側の人間とみなし、打撃側のチーム、守備側のチームに分けるという発想にまで至る場合もあるだろう。あるいはもっと単純に、人数が多くなったから便宜的に二手に分かれよう、という提案が出されたかもしれない。

となれば、もともと「打つ」ことが先にあり、核となる行為でもあるから、参加する全員にひとしく打つ機会が与えられないことにはおさまりがつかない。つまり、投げ手を含めた守備側と打撃側は何らかのきっかけで交代しなくてはならない。以前は個人と個人の攻守交代だったが、こんどはチームとチームの攻守交代だから、いくぶん事態は複雑になるだろう。最初は、たとえば「チーム全員がひと通り打ち終わったら交代する」といったふうに、何らかの取り決めが成立する。かくしてこの遊びは、個人と個人の競い合いから、チーム同士の競い合いへと変化してゆくのである。

ゲームが大がかりになってくると、いつまでも棒きれと石で満足できるだろうか。石では捕球のさいに痛いし、取り損なったり当たったりすればケガをする。道具の改良はゲーム自体の複雑化と平行しておこなわれていったのか、それともいずれか一方が先で他方が後から追いかけたのかはわからない。しかしたとえば、石のかわりに木の実を使ってみたり、狩猟で得た獲物の皮革を石に巻き付けてみたり、木を丸く削って球状にしたり、頑丈そうな木の枝を選んで加工したりと、徐々にいまのボール、バットに近づいてくる、ということはあり得ただろう。それこそ、古代エジプト以来、儀礼の具として神聖視されてきたというボールを、畏れ多くも棒でひっぱたく対象へと転用したことがあったかもしれない。打つ対象が柔らかくなれば、棒を使わず素手で打つという変種も生まれるだろう。

打者としては、打ったあとは守備側が石を追いかけているのを漫然とながめているだけ、というのも手持ち無沙汰である。そこでもうひと工夫、打者の到達目標を設定して、走るという要素を加味してみる。思い切り打って、思い切り走る。すると動きが増えて躍動感も生まれ、ますます面白くなる。ひとたび打球が飛べば打者走者と守備側の競争になるわけだから、〝セーフ〟、〝アウト〟の観念が芽生えたとしても不思議はない。たとえば、打者は打ったあと目標まで走るが、打球を捕った野手が先に目標まで到達すればアウト。捕球したボールを野手が目標めざして走る打者に見事ぶつけることができたらアウト、といったふうに。そういった決まりは攻守交代の方法にも影響を及ぼさずにはおかないだろう。つまり、アウトが成立した時点で攻守が入れ替わるようにしたらどうか、いやアウト三回で交代することにしよう、などとアイディアがわいてくるのである。

ひとりでのノックから始まり、一対一のトスバッティングを経て、そのようにプレイが複雑になってくると、約束事の数も増えていく。かくしてベースボールの原型が出来上がる。個人と個人の対決という当初の基本形態を残しながら、団体競技として次第に成熟してくるのである。ただ、原初の投手（トスをする人）は、あくまでも打者に「打たせてやる」ための存在であったところから出発しているので、長らくそれが残って、投手の役割が打者に「打たせない」ことに変わるのはかなり後のことになる。だから、人並み外れて速い球を投げられる強い肩を持った人間がいたとしても、残念ながらその才能はまだ認められないし、発揮する機会もない。

バット、ボール、ベース、打つ、投げる、走る、捕球する、攻守の交代（アウトとセーフ）、これらの必須要素が揃ってようやく、われわれの慣れ親しんだベースボールの輪郭が見えてくる。そこに至るまで何千年、何万年という長い年月を要したかもしれない。今日のベースボールというゲームを知っているからどうしても都合のよすぎる展開になってしまったし、もとより筆者の自由な想像にすぎないのだが、少なくとも上述したのとそれほどかけ離れてはいないことが実際に起こっていた可能性を否定し去ることはできないだろう。

§3　三度のメシより遊びが大事——元祖「遊び人《ホモ・ルーデンス》」

しなしながら、バットとボールを使うゲームが純粋な遊びとして生まれ、成熟していったとは限らない。

ボールゲーム史研究の大御所的存在で、一九四七年に先駆的な研究書『ボール、バット、ビショップ——ボールゲームの起源』を著したロバート・ヘンダスンは、ボールゲームは古代エジプ

図1

図2

トの司祭王が執りおこなった豊饒を祈念する儀礼に発するという、気宇壮大な仮説を立てている。

ヘンダスンが証拠として挙げるのは、まず紀元前二〇〇〇年頃と推定される絵で、二人一組の半裸の女性（一方が他方に馬乗りになっている）が二組、向かい合ってボールを投げ合っている（図1）。次に、紀元前一五〇〇年頃、ハトル（ハトホル）の神殿の壁画に描かれた、ボールと杖を持つトトメス三世と二人の聖職者の姿である（図2）。絵に付されたヒエログリフは、「［首都］テーベで至高の存在ハトル女神のためにボールを打つところ」という意味である。[4] ヘンダスンはこれを、王が杖で打とうとしているボールを聖職者二人が受け止めようと待ちかまえている場面、と解釈している。いずれもボールの材質まではわからない。

だが、前者はともかくとして、後者に疑問がないわけではない。杖はボールを打つバットにしては細すぎるし、ヘンダスンの解釈のように、王がこれからノックの要領でボールを打とうとしているようには必ずしも見えないからだ。しかし、何らかの儀礼を表現しているのは確かだろう。ボールは頭部を聖なるものとみる信仰と関係がある、とヘンダスンは言うのである。

神意を知るための儀礼、未来を先取りする儀礼、作物の豊饒を祈念する儀礼がゲームの原型になったと考えられる。グループAが勝てば豊作、グループBが勝てば凶作というふうに決めておいて、両グループが戦って収穫の豊凶を占う。模擬戦闘である。たとえば、冬と春が戦って必ず春が勝利をおさめる儀礼がある。それが様式化すれば芸能となるだろう。ヨハン・ホイジンガが名著『ホモ・ルーデンス』で指摘したように、遊びと神聖な行事は同じ形式で執行されるのだ。両者は

同根とみてよい。(5)

ヘンダスンが引用するヘロドトスの『歴史』には、ボール遊びはリュディア人が考案したとある(巻1)。リュディアは紀元前七〜六世紀に小アジアで栄えた国で、紀元前五四六年、クロイソス王の時、ペルシャのキュロス二世に征服されてしまうが、金銀の貨幣を鋳造して実際に使用した最初の民族でもある、とヘロドトスは指摘する。このリュディアが、クロイソスから九代さかのぼったアテュス王の時代に大飢饉に見舞われたことがある。長引く飢饉に、リュディア人たちは何とか空腹をまぎらわせようと、ダイス、ボール遊びを含むあらゆる遊戯を発明する。二日のうち一日は、食事を抜いて朝から晩までさまざまな遊戯に没頭することにしたのだという。(6) 空腹では遊ぶエネルギーなどないはずだが、遊びに熱中できたくらいだからそう深刻な飢餓状態ではなかったのか。

常識で考えれば、遊ぶ体力があるのなら狩りをしたり木の実を探したりして少しでも食糧を増やせばよかろうにと思うのだが、リュディア人にとっては文字通り「三度の飯より遊び」だったわけだ。ヘロドトスの在世時にギリシャで普及していた遊戯はすべてリュディアから伝わったとされている。リュディア人こそが古典世界における筋金入りの元祖「遊び人間《ホモ・ルーデンス》」だったのである。

ヘロドトスの記述をもとに一世代を二〇から三〇年として計算すると、リュディア人のボールゲーム発明は紀元前八〜九世紀にまでさかのぼることになる。残念ながらボール遊びの種類、やり方、ルールまではヘロドトスは書き記していない。同じくヘロドトスの報告するところによると、マクリュエス人の娘たちはアテナ女神の年祭りに二組に分かれて石と棒で戦う(巻4)。(7) ヘンダスンはリュディア人、マクリュエス人の二例をもってボールゲーム宗教儀礼起源説の根拠とするのである。

しかし、マクリュエス人の模擬戦闘については「石と棒で戦う」とだけあって、石をボールがわりにして競うとは書かれてない。そして注目すべきことに、リュディア人の遊戯は食事を忘れて没頭するほどの純然たる娯楽、気晴らしであって、宗教や儀礼とは関係がない。食事よりも遊びを優先させる、〝遊びバカ〟の誕生である。したがって、打撃ゲームの起源を必ずしも宗教儀礼のみに限定する必要はないのではないか。だとすれば、儀礼とは別系統に、純然たる遊びとしての打撃ゲームが発達していったとする筆者の想像もそれなりに説得力を持つだろう。

先述のホイジンガも、遊びは文化の形成される以前から存在していた、と述べている。「人類が共同生活を始めるようになったとき、その偉大な原型的行動には、すべて最初から遊びが織り交ぜられていたのである。」「自然はわれわれに遊びを、それもほかならぬ緊張、歓び、面白さというものをもった遊びを与えてくれたのである」というわけだ。(8)

したがって、遊びがまずあって、それが模擬戦闘に転用されるなどして宗教儀礼の要素が混入し両者は渾然一体となるが、そののちにまた分離して宗教色のない——もしくは薄められた——遊び《ゲーム》として独立した、と考えることも可能だろう。筆者としては、心強い援軍を得た思いがする。「まず遊びありき」説にこだわりたい。

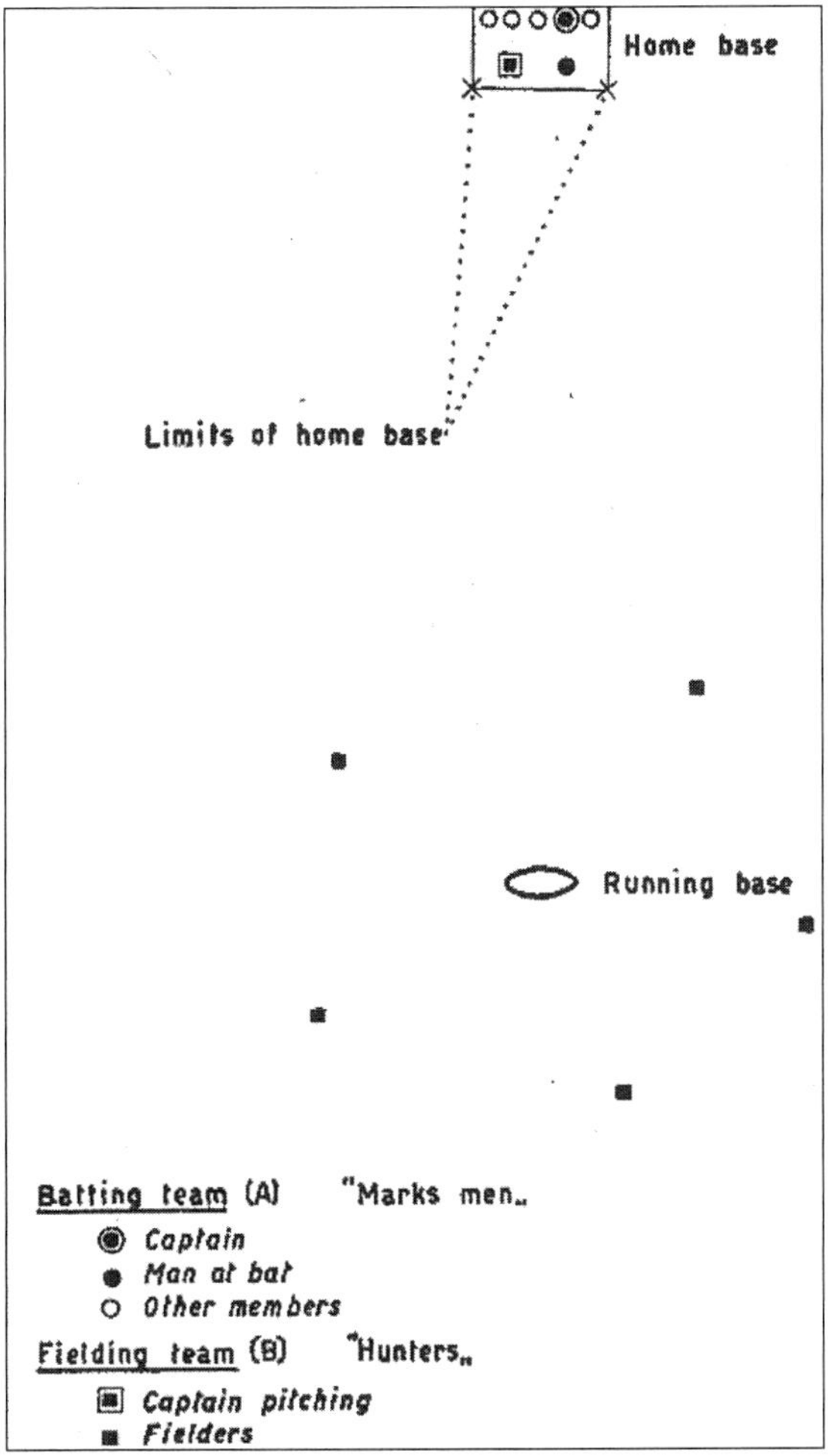
Home base
Limits of home base
Running base
Batting team (A) "Marks men"
Captain
Man at bat
Other members
Fielding team (B) "Hunters"
Captain pitching
Fielders

図3

タ・クルト・オム・エル・マハグ
（本書での仮称リビア・ゲーム）
1937年にリビアで発見された、ベースボールに似た打撃ゲーム。〈巡礼の母なるボール〉の意。**攻撃側と守備側**に分かれ、投手が投げたボールを打者がバットで打って走る。**ワン・アウトで攻守交代**。ベースはホームベースともうひとつだけである。アフリカの他地域にはいないスカンジナヴィア系（ゲルマン系）とおぼしき金髪碧眼の住民がプレイしていたことから、北欧起源と考えられ、遅くとも1500年前には成立していたと推測される。

§4　金髪碧眼と打撃ゲーム

ヘンダスンのいう紀元前一五〇〇年の古代エジプトとなるとそれこそ雲をつかむような話だが、さらに驚くべきことに、それよりもっと古い時代にヨーロッパ起源の打撃ゲームが存在し、それが北アフリカにまで伝わっていた可能性があるのだ。というのも、イタリアの人口統計学者コッラード・ジーニが、一九三七年にリビアのベル・ネフサに住むベルベル人を調査中、ベースボールとよく似たボールゲームと奇蹟的な邂逅をとげたからである（「リビアにおける農耕儀礼ゲーム」[9]）。そのゲームの名を現地語でタ・クルト・オム・エル・マハグ——直訳すれば「巡礼の母なるボール」——という。ジーニの論文中にあるゲーム開始時の略図を掲げておく[10]（図3）。

上方にあるのがホームベースで、離れたところにもう一つランニング・ベース（これがエル・マハグ、「巡礼」である）がある。両者の距離は七〇から九〇フィート（二一・三四～二七・四三メートル）とされている。

ゲームの概略を見ていこう。打撃側と守備側に分かれてプレイし、通常は各チーム六人だが、三人から二〇人までの間なら許容される。バットを手にした打者に、守備側のキャプテンが六〜八フィート（一・八〜二・四四メートル）離れたところからボールを投げる。このゲームでは打ちやすいボールを投げるのが決まりで、捕手はいない。皮革でおおわれたボールのサイズはベースボールとほぼ同じだが、それほど硬くはない。チームのキャプテンだけは三度まで、他の選手は二度までスイングするチャンスが与えられている。つまり、キャプテンは三振で、他の選手は二振で、次の打者と交代する。打者走者がアウトにならなければ、全員が二振ないし三振するまで攻撃が続けられる。つまり、ワン・アウトで攻守交代するのだが、個々の二振（三振）はアウトではないのである。

打者がバットにボールを当てると、打者本人は必ずしも走る必要はなく、他のメンバーがいっせいにマハグ目指して駆け出す。それが「巡礼」ということなのだろうか。もちろん、打球によってはマハグからターンして一気にホームまで帰ってくることもできる。つまり、ホームランもあるのだ。打者本人が必ず走らなくてはならないのは、追い込まれたカウントで打った時や、打球の飛んだ距離や方向からしてホームランを狙えそうだと判断した時だけである。守備側は打球をノーバウンドで捕球すれば即攻守交代となる。

だが、守備側がマハグに達していない走者、もしくはマハグとホームの間にいる走者にボールをぶつけた場合は事態が複雑になる。ボールをぶつけただけではすぐに攻守交代とはならず、守備側はすぐさまホームに向かって全力で走らなくてはならない。なぜなら、こんどは攻撃側がボールを拾って守備側プレイヤーがホームに到達しないうちにぶつければ、攻撃権の移動はみとめられない、つまり攻守交代をしなくてすむからだ。

タッチプレイはない。特殊なケースでキャプテンがホームスチールを試みることもある。ただし、得点は記録しない。

まさしく原始的なベースボールではないか。信じがたい話だが、これはただの旅行者の伝聞でもないし、史料的価値の定かならぬ古文書に記されていることでもなく、れっきとした二〇世紀の学術論文に書かれているのだ。むろん学術論文であっても功にはやっての捏造はあり得るけれど、ジーニの専門は人口統計学である。専門と無関係のボールゲームに関して下手な小細工をしたところで、どう考えてもマイナスにしかならないから、捏造の可能性はきわめて低い。残念ながら追跡調査はおこなわれていないが、大筋のところは信じないわけにはいかないだろう。

このタ・クルト・オム・エル・マハグ（以下、便宜的に「リビア・ゲーム」という仮称を用いることにする）だが、アフリカの各地でプレイされているかというとそうではなく、大陸全体を見わたしても、このゲームをプレイするのはこの地のベルベル人だけに限られている。加えて、金髪碧眼を有しているのも、アフリカ広しといえども、ここに住むベルベル人だけである。ボールゲームとスカンジナヴィア系（ゲルマン系）特有の金髪碧眼がセットになって、なぜかリビアのこの地区にだけ存在しているのだ。ベルベル人といえば、ロレンス・ダレルの『ジュスティーヌ（アレクサンドリア四重奏Ⅰ）』で、語り手の「ぼく」がベルベル人の下男を雇っていたことを思い出す。ただし、特段の描写がないところからすると、北欧系の風貌ではないのだろう。

こうした特異なボールゲームと金髪碧眼がジーニの調査した地域だけに突然変異のように発生した、とするのはいかにも無理がある。したがって、ヨーロッパからスカンジナヴィア系（ゲルマン系）の集団がボールゲームをたずさえて北アフリカに移住してきた、と考えないことにはどうにも説明がつかないのではないか。

移住の時期については二説ある。一つは旧石器時代から新石器時代前期にあたる紀元前六千から三千年の間。気候の寒冷化が契機となって、寒い北ヨーロッパから南方への移動があった。その二は紀元前五百年から紀元五百年の間。これまた寒冷化がもたらしたスカンジナヴィア人の南下である。いずれにしても近代になってからのことではない。にわかには信じがたいが、紀元五百年以降には金髪碧眼の人々が集団で北アフリカに移住した事実はないという。

ジーニは第一の説、紀元前六千から三千年をとっている。ルールがこれだけ整備されているところをみると、とても何千年も前の人々に考案できたゲームとは思えないのだが、それは古代人＝未開という先入観にとらわれた現代人の偏見にすぎないのだろうか。かりにジーニ説にくみするなら、いまをさかのぼる五千年から八千年という時代に北アフリカに移住した集団があり、その後裔が他部族に滅ぼされることなく、周囲と混血もせず、金髪碧眼の遺伝子とボールゲームを二〇世紀前半まで絶えることなく受け継いできたことになる。まさに驚嘆にあたいするではないか。

このリビア・ゲームについての報告はベースボール・マニアが我田引水で主張している根拠の怪

しげな与太話ではなく、人口統計学者のジーニや文化人類学者が主張していることなのである。先に純粋な娯楽としての打撃ゲームの発生を想像してみたのだが、紀元前六千から三千年というはるかな昔に、こちらの想像をはるかに上回ってゲームは進化をとげていた可能性すらもあるとなれば、現代人の常識とやらはどこかに吹き飛んでしまうだろう。

この打撃ゲームは穀物の種をまく時期の前におこなわれるので、ジーニは豊饒儀礼の一部とみなしている。もしそうだとすれば、本来儀礼は基本的に原型のまま保存継承されてゆくものだから、成立当初から大きな修正はほどこされていないとみて差し支えなかろう。儀礼の一部であるならば、このゲームが〝祭り〟の性格を残していることもうなずける。両チーム全員がグラウンドに出てボールをぶつけ合う大騒ぎは、世界各地でみられる全員（または多数）参加型の、時として死者まで出すような荒々しい祭りを思わせるからである。打者がバットにボールを当てると打者以外のチーム全員が走り出すところにも、祭りの痕跡を認めることができる。ことによると、ヘロドトスが書き残した、石と棒を使うマクリュエス人の模擬戦闘と何らかの関係があるのかもしれない。

§5　ゲルマン民族大移動が〈聖なるボール〉をアフリカまで運んだ？

ジーニのこの報告を読んだデンマークのペア・マイガーというスポーツ史研究者は、一九四一年に執筆した論文「ボール打撃ゲーム（Ballbatting Game）」で、スカンジナヴィア人のアフリカへの移住時期について異を唱えた。(11) ジーニの推定する年代ではいくら何でも早すぎる、と言うのである。

そうではなくて、リビア・ゲームの原型は五世紀にゲルマン系の一部族ヴァンダル人によってアフリカに持ち込まれたのであろう、とマイガーは推測する。世界史の教科書でおなじみの「ゲルマン民族大移動」によってボールゲームが北アフリカに伝わった、というのだから何だか愉快である。[12]

バルト海周辺にいた「ゲルマン民族」は紀元前五〇〇年頃から東、西、北の三グループに分かれて移動を開始し、前三世紀頃にはケルト人を駆逐、征服しつつ南下していった。[13] なかでもヴァンダル人はデンマーク、南スウェーデンに起源をもつという説がある。だとすれば、当のマイガーと同じスカンジナヴィア系だということになる。

ただし、ヴァンダル人は紀元前二世紀にはバルト海を渡って現在のポーランドに上陸していたと推定される。ローマの歴史家タキトゥス（五六年頃〜一二〇年頃）の『ゲルマーニア』（紀元九八年成立）は、ヴァンダルと同一とみられる部族が、当時、オーデル川とウィスワ河にはさまれたシュレージエン（シロンスク）地方（現在のチェコ、ポーランドにまたがる地域）に住んでいたと記されている。[14] つまり、ヴァンダル族は紀元一世紀にはすでにチェコ、ポーランドあたりまで南下しており、小氷期の紀元五世紀に、北欧から一気に北アフリカまで南下したわけではないことになる。

紀元四二九年、非戦闘員を含む総勢五万とも八万とも言われるヴァンダル人が一代の英傑ゲイゼリックに率いられ、ジブラルタル海峡を渡って北アフリカのタンジールに上陸、ヴァンダル王国をうち建てる。軍隊だけでなく家族ぐるみの渡航だったから、大がかりな部族移動、集団移住といえる。宗教儀礼や遊びなど生活一般を移住先のアフリカに持ち込むのはごく自然なことである。

彼らはタンジールからいったん南下した後、東へ東へと進撃する。当時二〇万の人口があったという大都市カルタゴ（現在のチュニスの北東約十六キロ）を急襲して占領するのは六年後の四三五年のことである。(15)

しかし、四七七年にゲイゼリックが没してから、ヴァンダル王国はしだいに弱体化する。アフリカ上陸からおよそ百年後の五三三年、東ローマ帝国軍の攻撃を受けたカルタゴはあえなく陥落してしまう。翌五三四年には最後の王ゲリメルが捕らえられて王国は滅亡に追い込まれ、生き残ったヴァンダル族はアフリカから追放の憂き目をみている。(16)

かりにマイガー説をとるならば、追放をまぬがれるために少数のヴァンダル族が、あたかも源平の戦いに敗れた平家の落ち武者のように、東にある現在のリビア方面へと逃れ、独立性のつよい特異な集落を形成した。そして、少なくともジーニの調査時点までは先住民と同化することなく、先祖伝来のボールゲームを守り伝えた、とみるほかはない。

当然ながら、元祖のジーニはマイガーに反論し、紀元前六千年から三千年説をあらためて主張して譲らない。いくら何でも八千年前や六千年前の大昔であるはずがないと思う向きには、マイガー説の方がまだしも穏当に聞こえるが、そのマイガー説にしたがったとしても、ヨーロッパで遅くとも紀元五世紀までにはこの打撃ゲームの原型が成立していたことになるわけだから、気が遠くなってくる。

§6　ロングボールの謎

では、リビアに奇跡的に残っていたこのゲームの原型は本家のヨーロッパに残っているのだろうか。第一発見者のジーニはそれについて何も言及していないが、マイガーはスポーツ史研究者だけあって、ヨーロッパの古いボールゲーム、ロングボールをその原型として持ち出してくる。リビア・ゲームの祖であるのなら、すべてのボール打撃ゲームの祖と言っても過言ではないだろう。では、ロングボールとはどのようなゲームなのか。

マイガーの説明によれば、四から二〇人が攻撃側、守備側のふた組に分かれてプレイする。まず、キャプテンが二人指名され、キャプテンはそれぞれにプレイヤーを選んでチームを編成する。ベースラインは通常設定せず、バッティング・ホーム（イン・ゴール）とランニング・ホーム（アウト・ゴール）の二種類のホーム（ゴール）を用いる。前者がホームベース、後者が一塁（リビアのゲームではエル・マハグ）に相当する。くじ引きで攻守を決めると、投手はバッティング・ホームに位置し、すこし離れてフィールドを左に見るようにして立つ打者（右打者）に対してボールを投げる。打者は片手用なら三〇から七〇センチ、両手用なら八〇から一一五センチのバットで、投じられたボールを打つ。スイングは三度まで許される。バットにボールが当たればランニング・ホームに走る。

攻守交代のきっかけとなるアウトは、コート・アウトとヒット・アウトの二種類がある。前者は、野手が打球を捕ったあと、定められたやり方でボールを地面に落とし、野手全員が手近のホームめがけていっせいに走る。攻撃側は全員が飛び出してボールを拾うと、まだホームにたどりつかない野手にぶつける。するとこんどは攻撃側が全員ホームをめざして走り、守備側が相手にボールをぶつけようとする。こうして全員がホームにたどりついた側が勝ちで、守備側が勝ったら攻守交代、攻撃側が勝てば攻撃を続行することになる。他方、野手が打球を捕球しそこねた場合には、素早くボールを拾って打者走者にぶつけ、ヒット・アウトをねらう。だがこちらも、たとえボールを当てられても相手方全員がホームに到着していない間はぶつけ返すことができる。初期には、得点という概念がなく、できるだけ攻撃（バッティング）を長く続けることを目的とするゲームであった。このロングボールはドイツ、フランス、北欧、スラブなど広くヨーロッパでプレイされていたという(17)。

確かにリビア・ゲームと共通することが多い。だが、マイガー説には致命的な欠陥がある。マイガーはロングボールのあれほど詳しいルール、やり方を述べていながら、その典拠を一切挙げていないのである。さらに言うなら、このゲームが英語の名称を持っていること自体、不可解きわまりない。ロングボールがリビア・ゲームの祖であるとすれば、遅くとも紀元五世紀には成立しているはずだが、その時期、英語は古期英語の段階、つまりはブリテン島に住むアングル族とサクソン族のローカル言語にすぎなかった。大陸のヨーロッパ人がブリテン島で使われている言語でゲームの名をつけるというのはどう考えてもおかしいのである。かりにロングボールという名がついたのがもっと後の時代、たとえば中世、ルネサンス期だったとしても、ラテン語なり、フランス語なり、ドイツ語なりを差し置いて英語を用いる必然性がない。

ところで、同じロングボールでもデンマーク式ロングボールの名称で知られているボールゲームは、現在でも、デンマーク国内のみならず、アメリカのニューヨーク州北東部にあるアディロンダック山地でよくプレイされている。また、アメリカの夏期キャンプや英国の中学校でおこなわれることの多いスポーツでもある。マイガーに好意的な解釈をするなら、彼が着目したヨーロッパの古いゲームはもはや名前もわからなくなっていたため、母国デンマークでプレイされているゲームから借用して便宜的にロングボールと名づけた、とも考えられる。

それにしても、マイガーはどんな史料や調査でロングボールを知ったのか。こちらの方がよほど謎である。どうやら、ロングボールは幻のボールゲーム、ないしは仮説的なボールゲームと考えて、決定的な新史料が発見されるまでは棚上げにしておく方が賢明のようだ。ただし、名称はいまのところ不明ながら、紀元五世紀以前のヨーロッパに打撃ゲームが存在し、それがリビア・ゲームのもとになったのは確かである。

では、次なる疑問に移ろう。北アフリカの古い打撃ゲームとベースボールはどうつながるのだろうか。

註

(1) 中沢厚『つぶて』(法政大学出版局、一九八一年)、二四頁。

(2) アルフレッド・W・クロスビー(小沢千重子訳)『飛び道具の人類史——火を投げるサルが宇宙を飛ぶま

で』（紀伊國屋書店、二〇〇六年）、四七頁。

(3) ウィリアム・カルヴィン（澤口俊之訳）『知性はいつ生まれたか』（草思社、一九九七年）。

(4) John Thorn, *Baseball in the Garden of Eden: The Secret History of the Early Game* (Jefferson, NC, and London: McFarland, 2011), p. 57.

(5) ヨハン・ホイジンガ（高橋英夫訳）『ホモ・ルーデンス』（一九七一年：中央公論社、一九七三年）、三五頁及び四六〜七一頁。

(6) ヘロドトス（松平千秋訳）『歴史・上』（岩波書店、一九七一年）、七九頁。

(7) ヘロドトス（松平千秋訳）『歴史・中』（岩波書店、一九七二年）、一〇二頁。

(8) ホイジンガ、前掲書、一九頁及び二三頁。

(9) Corrado Gini, "Rural Ritual Games in Libya(Berber Baseball and Shinny)," *Rural Sociology* 4. 3(1939): 283-99.

(10) *Ibid*, p. 285.

(11) Per Maigaard, "Battingball Games," *Baseball Before We Knew It: A Search for the Roots of the Game*, by David Block (Lincoln and London: University of Nebraska Press, 2005), pp. 260-74.

(12) 近年の歴史学研究においては、「ゲルマン人」「ゲルマン民族」という大雑把な括り方には疑問が呈されており、いわゆる「ゲルマン民族大移動」も従来誇大にとらえられてきたきらいがあるという（南川高志『新・ローマ帝国衰亡史』（岩波書店、二〇一三年）。しかし、ここではその議論に深く立ち入らない。

(13) 阿部謹也『物語ドイツの歴史』（中央公論社、一九九八年）、七〜九頁及び三四四〜四五頁。

（14）Tacitus, "Germania," *Tacitus 1: Agricola, Germania, Dialogos*, The Loeb Classical Library 35(1914: Cambridge, MA and London: Harvard University and Heineman, 1970), pp. 202-203.

（15）Walter Pohl, "The Vandals: Fragments of a Narrative," *Vandals, Romans and Berbers: New Perspectives on Late Antique North Africa* (Aldershot, Hampshire: Ashgate, 2004), ed. by A. H. Merrills, pp. 38-40.

（16）松谷健二『ヴァンダル興亡史　地中海制覇の夢』（一九九五年：中央公論社、二〇〇七年）。

（17）Maigaard, *op.cit,* pp. 261-65.

図版出典

図1　Robert W. Henderson, *Ball, Bat and Bishop: The Origin of Ball Games*(1947; Urbana and Chicago: University of Illinois Press, 2001)（ページ数なし）

図2　*Ibid*.（ページ数なし）

図3　Corrado Gini, “Rural Ritual Games in Libya(Berber Baseball and Shinny),” *Rural Sociology* 4. 3 (1939), p. 285.

第Ⅱ章　ベースボールの母胎

§1　十八世紀のドイツでベースボールがプレイされていた！

リビア・ゲームとベースボールのつながり、そのヒントは意外なところで見つかる。一七九六年に刊行された *Spiel zur Übung und Erholung des Körpers und Geistes für die Jugend ihre Erzieher und alle Freunde Unschuldiger Jugendfreuden* という長々しいタイトルのドイツ語の書物である。簡単にいえば、青少年と彼らを指導する教師のためのスポーツ・ガイド大全といったところで、著者はヨーハン・クリストフ・フリードリッヒ・グーツムーツ。この書物では、「ドイツ式ボールゲーム（das deusche Ball-spiel）」なるものについて十三ページにわたって解説がほどこされているのだが、このゲームの基本的枠組みは何とリビア・ゲームと実によく似ているのである。[1]

次に掲げる図4の左側がそのグラウンドで、打撃用ベースと走者の目指すベースにそれぞれ旗が立っている。前章に掲げた図3と見比べれば類似性がわかるはずだ。長方形のグラウンド、xが

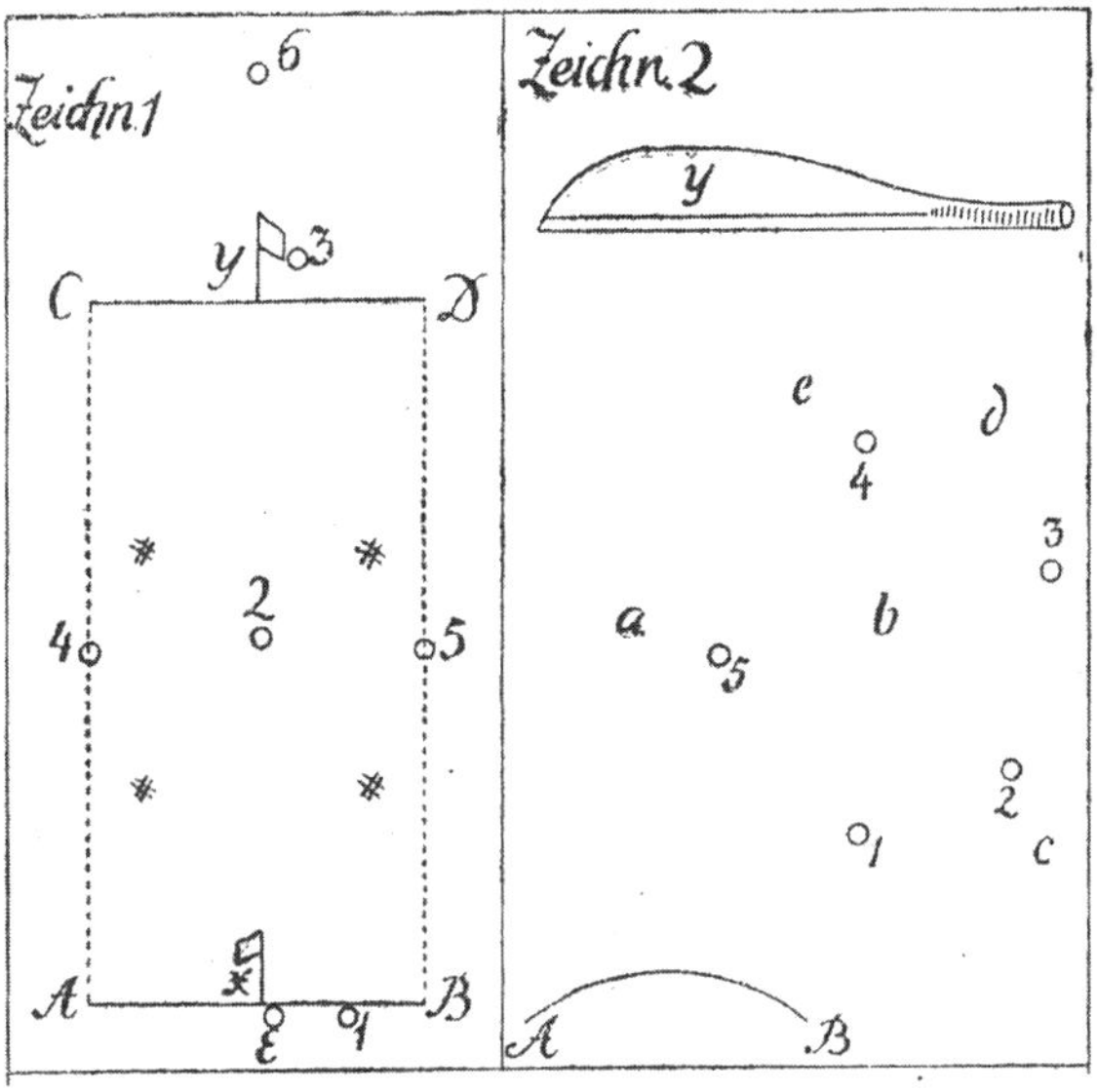

図4　ドイツ式ボールゲーム

ドイツ式ボールゲーム

1796年刊行のドイツ語のスポーツガイドで紹介されている打撃ゲーム。投球、バットによる打撃、走塁の三要素が揃っていること、二つのベースを用いること、基本は**ワン・アウト制であること**などがリビア・ゲームとよく似ている。相違点はフェアゾーンとファウルゾーンを区別していることである。**勝ち負けは、打球がフェアゾーンに飛んだ回数の合計によって決まる。**

ホームで、ベースにあたるのはyひとつしかない点が共通している。異なるのは、ファウルラインを表わすACとBDがあり、4と5には杭を立てることである。長さはAC及びBDが三〇から四〇歩、AB及びCDが三〇歩である。

一チームの人数は四人、五人、六人の三通りがあるが、それ以上でもかまわない。1から6が守備側の位置である。4と5はライン際なので人数が足りない時は省略可能というわけだ。投手は1の位置に立ち（2ではない）、わずか二歩分しか離れていないEの位置でバットを構える打者にボールを投げる。投法は下手からのトスで、打者がフェアゾーン内に打ち返せるような球をふんわりと投げてやるのが役目である。トス・バッティングとノックを組み合わせたように見える。空振り四回もしくは八回で打者はアウトになる。つまり、四振や八振があった。

基本はワン・アウトで攻守交代だが、あまり簡単に打者がアウトになるような場合はツー・アウト、スリー・アウト制にしてもかまわない。両チームに同じだけ攻撃の機会が与えられる。つまり、イニングの概念が存在したことになる。

打者はボールをフェアゾーン内に打てばyに向かって走る。フライを打ち上げて捕球されてしまえばアウト。yに到達する前に守備側からボールをぶつけられてもアウトである。首尾よくyに到達したら、味方の打撃を期待して待つ。yにいる走者をx（ホーム）に還す打者は「解放者（救世主）」と呼ばれる。現代でいえば打点をあげるということだ。走者を〝解放する〟ために強打者の打順を後ろの方にする戦略があるとグーツムーツは記している。そこまで解放（救世）にこだわるからには、走者をホームに迎え入れることがこのゲームにおける重要なポイントと考えられる。ところが、ここが理解に苦しむところなのだが、勝敗を決するのは自軍の走者をxに迎え入れた回数（つまり得点）ではなく、フェアゾーンに飛んだ打球の総計なのだという。ただし、大人の男の背丈を越えない低い打球（ゴロなど）はカウントされないことになっている。

いっぷう変わったルールもあった。xに打者がいない時、守備側がxにボールを持っていけばチェンジとなるのである。攻撃側が投手に対して不満ならば、もっとうまい投手を要求することもルールで認められていた。

こうしてみると意外に複雑なルールがあり、ゲームとしてかなり成熟していることがわかる。英国やアメリカではなく、十八世紀のドイツでベースボールがプレイされていたとは……。ベースボール史の常識が根底からくつがえされる。

§2　ドイツ人が史上初めてベースボールのルールを活字に残した！

グーツムーツはさらに、"Ball mit Freystaten"、別名英国式ベース・ボール（das englische Base-ball）のためにわざわざ項目を立て、七ページにわたってルールの説明をしている。(2) これは活字になったベースボールのルールとしては世界で最も古いものである。「このゲーム［英国式ベース・ボール］の記述は簡潔にとどめてよいだろう。なぜなら、ドイツ式ボールゲームとほぼ同じだからである」と前置きして、グーツムーツは説明をはじめる。

英国式ベース・ボール

ドイツ式ボールゲームと同じく1796年刊の書物に記載されている。ドイツ式ボールゲームとの大きな違いは、ベースが五つあり、打者走者が反時計回りに走ることである。

詳しく読んでみよう。先の図4の右側上部にある棒状のものが、この英国式ベースボールで用いるバットで、その下がベースと選手の配置図である。バットは握りの部分から下は平らになっていて、全長四五センチ、幅一〇センチ、厚さ二・五センチ。片手で打つ。ベースは十から十五フィート（三～四・五メートル）ずつ離して適当に配置する。図では1から5までの数字で表わしている。守備側プレイヤーはベースと同じ数だけいる。図中のaからeまでのアルファベットが守備側プレイヤーを示す。したがって、一チームの人数が増えればベースの数も増え、プレイゾーンも広くなる。投手ー打者間は五歩か六歩。投手は山なりにボールを投げる。打者はホームベースあたりに立って、バットにボールを当てるまで三度スイングを試みることができる。打球が飛ぶと、打者はベースからベースへと数字の順に（つまり反時計回りに）走り、最終的に目指すのはホームに戻ってくることである。ワン・アウトで攻守交代となるが、打者走者をアウトにする方法には大まかに言って、（1）野手がボールを捕球する、（2）走者がベースを踏み忘れる、（3）ベースについていない走者にタッチするかボールをぶつける、の三つがある。

ところが、（3）の下位区分として、現在のベースボールを知るわれわれからすると、おかしなルールがある。守備側がアウトを取っても、チェンジになる（攻守が交代する）とは限らないのである。なぜなら、攻撃側はたとえアウトになっても、どっとフェアグラウンドに飛び出し、守備位置から戻ってくる守備側プレイヤー全員がフェアグラウンドを出ないうちに、ボールを拾って守備側のプレイヤーにタッチするかぶつけるかすることができれば、攻守交代を阻止して、再び攻撃する権利を得ることができるからだ。いっぽう守備側としては、またボールを拾って、フェアゾーン内にとどまっている攻撃側プレイヤーにタッチするかぶつけるかことができれば、再び攻守交代のチャンスを得られる。しかし、それでもまた同じようにタッチされたりぶつけられたりする可能性があるから油断はできない。いってみれば、ベースボールの中にドッジボールが紛れ込んでいるようなものである。

ボールを相手にぶつけてもぶつけ返されないうちに安全圏に入るためには、首尾よく相手プレイヤーに当たった（かすめた？）ボールが相手チームの容易にとれないよう遠くに転がっていく必要がある。こうして、決着がつくまで両軍総出でのボールのぶつけ合いが繰り広げられる。なかなかすんなりとはチェンジにならないから、両軍とも通常のプレイ以外に余分な体力を使わなくてはならなかったろう。

勝敗の決め方について記述されていないところをみると、ドイツ式と同じくフェアゾーンに飛んだ打球の合計数で決める（と、少なくとも著者のグーツムーツは考えていた）のだろう――もしかするとそれはグーツムーツの誤解もしくは思い込みにすぎなかったのかもしれないが。

グーツムーツは「（英国式ベース・ボールは）ドイツ式ボールゲームとほぼ同じ」と書いているけ

れども、じっさいには「ほぼ同じ」どころか、英国式の方がかなり複雑な仕組みになっている。それでも類似しているのは確かである。

ただ、グーツムーツによる執筆は確かに十八世紀末だとしても、記述された英国式ベース・ボールがどの時点のものなのかは判然としない。惜しいことに、英国での実地調査にもとづくものではないらしく、グーツムーツは参照したドイツ語の文献を掲げるのみである。後述するように、英国の記録に残るベースボールには、攻撃権をめぐる両軍入り乱れてのドタバタ劇はない。それが残存しているところをみると、グーツムーツが記述する英国式ベース・ボールは新しい要素と古い要素とが混在している段階で、この書の執筆、出版、すなわち十八世紀末と同時期ではなく、かなり以前のもののようでもある。また、ドイツ式ボールゲームと英国式ベース・ボールの関係も明らかにされていないのが惜しまれるところだ。

それはともかくとして、ベースボールのルールを歴史上初めて活字にして残したのが〝当事者〟の英国人やアメリカ人ではなく、現在ではベースボールと無縁といっていいドイツ人であったとは、ことの意外に驚くほかない。しかも、グーツムーツの記述内容は決していい加減なものではなく、正確で信頼するに足るものと言っていい。なぜなら、ホームへの帰還、反時計回りのベースランニング、三振、野手による捕球といった、ベースボールをベースボールたらしめるのに不可欠な要素がいくつも揃っているからだ。のみならず、投手による（打者のために打ちやすさに配慮した）山なりの投球、そして走者にボールをぶつけてアウトにするプレイは、現在でこそ消え去ってしまったが、十九世紀にはまだルールとして残っていたものであり、さらに信頼性を高めている。ドイツにまで「ベース・ボール（Base-ball）」という名称及びルールが知られていたということは、ベースボールが英国でゲームとして確立していたことを示している。揺籃期のベースボールを知る上で貴重な史料と言えるだろう。

こう見てくると、英国式ベース・ボールもドイツ式ボールゲームも、基本的な枠組みはリビア・ゲームとそっくり同じだとわかる。何よりも、両軍入り乱れての雪合戦ならぬボール合戦という祭りの要素を含んでいることは、リビア・ゲームとのつながりを裏付ける。なぜ英独二つのボールゲームが似通っている上に、双方ともリビア・ゲームと共通する点が多いのだろうか。三つのゲームが同一の起源を持っていると考えるほかないのではないだろうか。

かつて北ヨーロッパにあった打撃ゲーム——かりにここでは原《ウル》リビア・ゲームと呼んでおくが——は、北アフリカに渡ってリビア・ゲームになった。もちろん原リビア・ゲームはヨーロッパ各地に伝わっていき、いつの時代にか英国にも伝わる。伝わっていく過程で形態が変容していったであろうことは想像に難くない。英国では、もともとなかったタッチプレイを導入するなどして、独自の発展をとげたのではなかろうか。ジーニとマイガーで食い違う北アフリカへの移入年代はともかくとして、ヨーロッパ北部のゲームが北アフリカ、ドイツ、英国の打撃ゲームのもとになったことはまず確実と考えてよいだろう。

§3 原《ウル》リビア・ゲームの変異体

では、原リビア・ゲームはヨーロッパにおいてどのような運命をたどったのだろうか。ヨーロッパに残る古い打撃ゲームの記録を掘り起こしてみよう。

十七世紀ドイツの学者ヨハンネス・シェーファーはラップランド研究の大著『ラッポニア』（一六七二年刊）において、ラップランドに男女を問わず大人から子どもまでがプレイする打撃ゲームがあったことを報告している。(3) 老若男女が参加することからすると豊饒儀礼ではないかと推測されるが、もしそうだとすれば、キリスト教が入ってくる以前の土俗信仰の名残だろうか。論文「石器時代のベースボール」でシェーファーを紹介しているエルウィン・メールは、スウェーデン人の住みついているエストニアの島で女性も参加するスウェーデンの打撃ゲームがおこなわれていると述べ、ラップランドと交渉のあったゲルマンから輸入したものではないかと推測している。(4) 打撃ゲームの北欧起源説がますます有力になってくる。

一五七一年、スイス南チロルのトレントに生まれたヒッポリュトス・グアリノーニという人物は、ベースボールに似た打撃ゲームについて書き残している。(5) 宮廷医師の父についてプラハに行ったヒッポリュトス少年は、当地で入学したイエズス会の学校でさまざまなゲームを教わったという。イエズス会は気分転換のため学生に種々のゲームを奨励していたのである。それもあってか、グアリノーニがドイツ語で書いた大部な著書『人間の荒《すさ》んだ残酷なる性《さが》（Greuel der Verwüstung des menschelichen Geschlechts)』は、その第六章すべてを運動や身体を使うゲームにあてていいる。そのなかにドイツ語でいう"Schlagball"（ボール打ち）、棒でボールを打つゲームの紹介がある。一六〇〇年ごろ、グアリノーニはプラハでさかんにプレイを楽しんだという。

攻撃側守備側に分かれ、野手は打者を中心にして半径一〇〇歩以内で四方八方に散って守りにつく。三六〇度どこに打ってもよいというルールは、クリケットを連想させる。守備側のひとりが投げる硬い皮のボールを、打者は長さ十センチほどの手元が細くなった棒を使って打つ。打球がノーバウンドで野手に捕球されれば即、攻守交代となる。つまりワン・アウト制である。ベースに相当するものはなく、打者が打って走ることもなかったようだ。

グアリノーニは、最も優秀なプレイヤーはポーランド人やシュレージエン人だった、と回顧し、ゲーム発祥の地はポーランド、シュレージエンではなかろうかと推測している。長じてのちグアリノーニはイタリアのパドヴァ大学（ガリレオがかつて教鞭をとっていたことがある）で医学を学んでいるが、イタリアでは似たゲームを見たことがないと述べている。シュレージエンといえば、リビア・ゲームをアフリカに伝えたかもしれないヴァンダル族がストラボンの時代（約二千年前）に居住していた地域である。何か関係があるのかもしれない。

十六、七世紀に存在したプラハの原始的ベースボール、これも記憶にとどめておかなくてはならない。

§4　東洋のボールゲーム

余談になるが、東西交流はかなりさかんだったにもかかわらず、打撃ゲームは結局、中国文化圏には伝わらなかった(6)。唯一の例外は騎馬による打撃ゲームのポロで、「ポロ」という語がチベット語の方言を語源とすることからもわかるように、ペルシャで生まれてアラビア、チベット、南アジアに伝わった球技である。ポロは中国に入って打毬《だきゅう》となり、朝鮮半島を経由して日本にも入ってきている。打毬は日本では毬打《まりうち》とも呼ばれ、騎馬打毬と、馬を使わない簡便な徒歩打毬（ホッケーに近いものだろう）の二種類がある。

『万葉集』巻六の第九四九首（「梅柳過ぐらく惜しも佐保の内に遊ばむことを宮もとどろに」）の左注には、神亀四年（七二七年）の正月に皇子たちやその臣下たちが春日野で打毬を楽しんだ、とある(7)。また、『平家物語』は、おそらく徒歩打毬から変化したものと思える、槌の形をしたスティックで木製の球を打ち合う球丁《ぎっちょう》という遊びが平安末期に存在していたことを教えてくれる(8)。球丁には毬杖、及丁の表記もある。

源順の『倭名類聚鈔』（九三四年ごろの成立）には「術藝部」の「雑（雜）藝類」に「蹴鞠」と並んで「毬打」の項目が立てられている(9)。『年中行事繪巻』の「正月の毬杖」（図5）を参照するかぎりではホッケーに近いようでもあるが、ゴールらしきものが見えないところをみると、バレーボールのように相手方の領域には入らずに毬を打ち合うルールだったのかもしれない。

とはいえ、ペル・マイガーが打撃ゲームの歴史を総括して言うように、もともとボール打撃ゲー

図５　正月の毬杖

図６　堂上家の蹴毬

ムはヨーロッパ起源であり、たんなる打撃だけならばまだしも、やや複雑化した打撃ゲームは、ポロを除けばユーラシアの南や中東、東アジアまでは伝播しなかった。古代ギリシャ人やローマ人も打撃ゲームについては何も書き残してはいない。冒頭近くで取り上げた、ヘロドトスの伝えるリュディア人の考案になるボールゲームも、打撃を含むものとは特定できないのだ。したがって、打撃ゲームは北欧人の発明である可能性がきわめて高い、とマイガーは結論づけている。[10]

同じボールゲームで、手やバットを使わずに足だけでおこなうものもまた古い歴史を持っている。ボールを蹴り合うだけの単純な遊びならそれこそ先史時代からあったろう。フットボール（サッカー）は史料で確認しうる限りでは、古代ギリシャ時代にすでにプレイされており、紀元前二世紀にはローマに伝わっている。中世イタリアではカルチョ（サッカー）がプレイされていた。といっても、フィレンツェでおこなわれていたカルチョは、ボールを手で抱えても、手で打ってもよく、ラグビーに似たスタイルだった。

アジアでもフットボールは紀元前二〇六年の中国でおこなわれていたという記録がある。朝鮮半島の史書『三国史記』新羅本紀第六には、西暦にすると六二〇年代と推定される時期に金春秋（武烈王）と金庾信が蹴鞠をした、との記述がある。[11] 蹴鞠もポロ同様、おそらく中国から朝鮮半島を経由して日本に伝来したのであろう。『日本書紀』皇極天皇の三年（六四四年）に記事が見える。「法興寺の槻の樹の下」でおこなわれた蹴鞠の催しで、中大兄皇子のクツが鞠を蹴った勢いで脱げたのを、中臣鎌子（後の藤原鎌足）が拾って恭しく差し出す、というあの有名なエピソードである。[12] ただ

Courtesy Racquet and Tennis Club

図7　ラ・スールを描いた15世紀末の絵

ラ・スール（ジュ・トゥ・ラ・クロスともいう）
二組に分かれ、素手、足、スティックのいずれかでボールを運んで相手陣のゴールに入れることを目的とする、**ホッケーに似た**フランスの打撃ゲーム。12世紀には存在していたことが確認されている。**アメリカ先住民のゲームと融合してラクロスが生まれた。**

し、日本の蹴鞠はそれから千三百五十年経っても依然として蹴鞠のままで、サッカーへと形を変えることはついになかった。

§5　フランスのボールゲーム

フランスの球技といえば、今日では何といってもW杯や欧州選手権で優勝した輝かしい実績を誇るサッカーであり、ラグビーも世界レベルである。ベースボールに関しては吉田義男・元阪神タイガース監督が現地で指導にあたったことくらいしか話題が思い浮かばない不毛の地だが、実はどこかベースボールを彷彿とさせる打撃ゲームが古くから何種類も存在していたのである。

Courtesy of the Clarendon Press

図8　聖職者がプレイするラ・スール（?）1344年の絵

ラ・スール (la soule) は、二組に分かれて素手、足、スティックのいずれかでボールを運びゴールに入れる遊びで、早くも十二世紀にはその存在が確認されている。一三六九年には、危険だという理由で時の国王シャルル六世が禁止しようとしたとの記録もある。ラ・スールを描いた十五世紀末の絵（図7）では、参加者全員がスティックを持って、ひとつのボールを奪い合っているように見える。

ヘンダスンによれば、ラ・スールはラクロスの先駆であり、クリケットとベースボールの生みの親でもあるというが[13]、はたしてどうだろうか。絵を見る限りでは、ラクロスやホッケーとの深いつながりは確かにわかるものの、クリケット、ベースボールとは関連が薄いという気がする。なお、ヘンダスンは著書に「聖職者がプレイするラ・スール」という一三四四年の絵（図8）を載せているが、この絵は明らかにヘンダスン自身によるラ・スールの説明と矛盾している。

あくまでベースボールにこだわろうとすればノックをしているように見えないこともないけれど、右側の四人は打球を待ちかまえるというより、何かを拝んでいるようにも見える。打撃ゲームではなくて何らかの宗教的儀式だと言われればそれで納得してしまう曖昧な絵である。そもそもなぜこのような図版を掲載したのか、意図がよくわからない。

ラ・スールは、地方によっては先の曲がったスティック、フランス語でいうクロス（crosse）を用いることもあった。このバージョンは一時クロセリ(crosserie)といわれていたが、ブルターニュ地方やノルマンディ地方でさかんになると、十七、十八世紀にはジュ・ドゥ・ラ・クロス(jeu de la crosse)――英訳すれば「スティック・ゲーム」というところか――と呼ばれるようになる。古いクリケットの絵を見ると、先の曲がったスティックを使ってプレイしているから、ジュ・ドゥ・ラ・クロスが、少なくともスティック（バット）に関してはクリケットに影響を与えた可能性がある。

カナダに移住したフランス人は、母国のジュ・ドゥ・ラ・クロスとアメリカ先住民が楽しんでいた打撃ゲームとの類似性に驚いた。そこで何を思ったか、母国で使っていた先の曲がったスティックのかわりに、先にネットを張ったスティックを試してみることにしたらしい。これがラクロス誕生のきっかけとなった。ラクロスのラは言うまでもなくフランス語の定冠詞である。ラ・スールから発したジュ・ドゥ・ラ・クロスと先住民のゲームが融合してラクロスが生まれたというわけだ。だから、ラ・スールは同じ打撃ゲームでもやはりホッケー、ラクロス系と考えられる。

ベースボールとの関係で重要なのは、テク(theque)という名のノルマンディのボールゲームの方である。一四四七年の書簡に「"jeu de tacon"もしくはボール」と言及され、一四五五年の書簡で

テク
15世紀の文献に見出されるノルマンディの打撃ゲーム。実体は不明ながら、19世紀の「ラ・バル・オ・バトン」と同一のものだとすれば、**ノック練習のような形態**であったと思われる。その発展型らしき19世紀末の「グランド・テク」となると、五つのベースを使い、投球、打撃、走塁、得点による勝敗決定といった要素が揃い、**かなりベースボールに近い。**

は"touquon"という形で現れている。遊び方、ルールについては信頼するに足る古い史料が残っておらず、実体がつかめないが、時代がぐっと下って一八五六年に出版されたフランスの子どもの遊びを網羅した本に、テクの別称らしきラ・バル・オ・バトン（スティック・ボール）が紹介されている。

それによると、ひとりの打者と複数の野手に分かれ、投手はおらず、打者はノックのようにしてボールを打つ。打球を捕球されない限りいつまでも打ち続けることができるが、アウトになったら打球を捕球した野手と交代する、というものである。冒頭で筆者が想像した石器時代の打撃ゲームとよく似ており、十九世紀半ばという段階にしては拍子抜けするほど原始的だから、打撃ゲームとしての進化がほとんど止まったまま冷凍保存されてきたかのようだ。

ところが、一八九九年、ケベックのフランス語新聞に掲載された「グランド・テク（"grande theque"）」に関する記事によると、かなりベースボールに近いルールになっており、同じ「テク」というゲームだとは思えない。おのおの一〇名を限度とする二チームに分かれ、三〇〇から四〇〇平方メートルのフィールドにベースを配置し、投手の投げるボールを打者が打って走る。アウトを取るにはベースから離れている走者にボールをぶつける。40点入ればイニングが終わり、計二イニングおこなう。ベースボールとの大きな違いは、フィールドが五角形でベースを五つ使うのと、投手と打者が味方同士だという点である。

一八一五年頃に出版されたフランスの子供の遊びのガイドブックには、ラ・バル・アンポワゾネなるゲームのルールが載っている。"la balle empoisonee"、英語では"poisoned ball"、直訳すれば白雪姫の毒入りリンゴならぬ「毒入りボール」だろうか。何とも奇妙なネーミングである。各チーム八人から一〇人、ホームベースと三つのベースをダイヤモンド型に配置し、投手が投げたボールを打者が打って走るという、きわめてベースボールに近いゲームである（図9参照）。

守備側が捕球したボールをベースについていない走者にタッチするかぶつけるかすればアウト、というルールもある。つまり、ボールにふれれば走者は生命を落としてしまうから、攻撃側にとって「毒入りボール」にもひとしい危険なもの、というわけなのだろう。ワン・アウトで攻守交代。バットは使わず、ボールを素手で打つ点がベースボールとは異なるが、グランド・テクよりはさらにベースボールに近い。グーツムーツが詳述した英国式ベースボールと酷似しているため、これが英国から輸入されたものだと考える研究者もおり、その由来は謎に包まれている。

図9 「毒入りボール」ゲーム

ラ・バル・アンポワゾネ（毒入りボール）

19世紀初めに刊行されたフランスの子供の遊びガイドに載っている打撃ゲーム。ダイヤモンド型に四つのベースが配置され、英国式ベースボールと基本は同じ。バットは使わず素手で打つ点が異なる。走者がボールをぶつけられるか、タッチされるかするとアウトになることから、「毒入り」の名がついたと推測される。

§6　謎のフレンチ・コネクション

それでは、ここまでに明らかになった伝播の見取り図を筆者なりに以下にまとめてみよう。中国文明、メソポタミア文明、インダス文明、インカ文明、マヤ文明、あるいは（リビアのゲベル・ネフサをのぞく）アフリカ文明、北アメリカ先住民の文化、オセアニア、いずれにもベースボールに似た打撃ゲームの痕跡は存在しない——かつてはあったのに滅びてしまい、その記録が残っていないだけなのかもしれないが。ともあれ、以上をすべて除外すると、打撃ゲーム発生の候補地域はやはりヨーロッパにしぼられてくる。

ヨーロッパでもギリシャ、ローマには確たる証拠が残っていない。となると、発祥の地としては、マイガーの言うようにスカンジナヴィアがいまのところ最も有力である。北欧ゲルマンに源を発する打撃ゲームがスカンジナヴィアから次第に南下していってドイツから東欧、フランスにまで伝わった。きわめて特殊なケースではあったが、北アフリカのリビアにまで伝播した。わざわざ移住先にまで携えていったわけだから、生活に密着した、きわめて重要な共有財産だったに違いない。もしもこの打撃ゲームの原型が遅くとも五世紀——早ければ紀元前六千年！——までに成立していたのだとすれば、今日までゆうに一五〇〇年以上の歴史があることになる。十五世紀や十六世紀の記録が残っているのは当然すぎるほど当然である。

一〇六六年のノルマン人による征服以来、英国はフランスと何かと交流が深かった。ノルマン人の宮廷ではフランス語が公用語であったし、大陸に英国王家の領地があったこともある。百年にわたって戦争もしていた。したがって、英国へはフランス経由で伝わった（ことによるとノルマン人が持ち込んだかもしれない）と考えたいところだが、フランスから先となると、たぐっていた糸がプッンと切れてしまう。フランスの打撃ゲームについては核心にふれるような史料がなく、わからないことが多すぎるのである。テクの実体をどうとらえたらよいのか。テクとラ・バル・アンポワゾネの関係はどのようなものなのか。ある研究者は「謎のフレンチ・コネクション」と呼んでいるほどだ[14]。北欧のバイキングはしばしば英国まで遠征してきているから、スカンジナヴィアから英国に直接古い打撃ゲームが伝播した可能性もなきにしもあらず、である。

§7　英国のスツールボール

そこでいよいよ舞台は英国に移る。

英国では古くからスツールボール (stoolball) なるボールゲームがおこなわれていた。文献によると一四五〇年にまでは確実にさかのぼることができる。十四世紀に英国南部のサセックスで創始されたと考える研究者もいる。『オクスフォード英語辞典』は、「一四七五年頃」として“stoil ball”という用例を載せている。

これはその名のとおり、逆さに立てた三本足のスツール（腰掛け）の前に打者が立ち、投手の投じるボールを素手で打つ、一対一の単純なゲームである。つまり、ベースボールでいえばスツールは捕手の位置にある。のちには素手からスティックを使うように変わっていくが。投手がボールを

スツールボール
打者が逆さに立てた三本足のスツールの前に立ち、投じられてボールを素手もしくはスティックで打つ。スツールのほかにはベースを使わないので走塁はない。文献では15世紀半ばにまでさかのぼることができる。

スツールに当てれば投手の得点、打者がボールを打って投手がノーバウンドまたはワンバウンドで捕球できなければ打者の得点になる。投手が首尾よく打球を捕球したら攻守交代。打者は打ったあと走る必要はなく、したがって一塁、二塁、三塁に該当するものはない。バットを使用しないことといい、ベースがなくランニングが含まれていないことといい、リビア・ゲームやドイツ式ベースボールとはずいぶん違っている。

面白いことに、スツールボールは少女から大人まで、広く女性に好まれたゲームだった。ジョウゼフ・バルダサールの「ベースボールの祖先」によれば、もともとは半円形のミルキング・スツール（搾乳用腰掛け）を使って乳搾りの娘たちがプレイしていたというから、それもうなずける。(15)

十七世紀はじめの執筆と思われるシェイクスピア、ジョン・フレッチャー合作の『二人の血縁の紳士』五幕一場にも"play at stool ball"という表現が出てくる。求婚者に一緒に出かけようと誘われた牢番の娘が、「向こうで何をしようか？」と訊かれて、「あら、スツールボールに決まってるじゃない。ほかにすることある？」と答えるのである。

Courtesy of Clarendon Press

図 10　フランスにおけるスツールボール（？）1344 年

この返答からすると、ここではスツールボールはたんなるボールゲームというより、何やら性的な意味が隠されている比喩表現のように思える。

ヘンダスンはスツールボールについても一三四四年の絵を持ち出してきて、「フランスにおけるスツールボール」とキャプションをつけている（図10）。

これは図8の「聖職者がプレイするラ・スール」と構図も人物も似通っており、しかも年代も同じ一三四四年である。ヘンダスンはこの絵を証拠として、十四世紀半ばのフランスにスツールボールもしくはその原型があったと考えたいらしい。しかし、現代の研究者がオクスフォード大学ボドリーアン図書館にあるこの図版の原画を調べたところ、左端の女性が持っているのはボールではなく水差しだと判明した[16]。またしてもヘンダスン御大の勇み足。ボール遊びでないとすると、何らかの宗教的儀式を描いた可能性が濃厚である。先に示した図8の「聖職者がプレイするラ・スール」も、果たしてボールゲームを描いたものかどうか怪しくなってくる。

図版の正確さはさておき、スツールボールとクリケット、ベースボールの類似性は一目瞭然だろう。[17] クリケットの場合、投手（ボウラー）は打者（ストライカー）の後方に置かれたウィケットにボールを当てて倒そうとするのに対し、打者の方はそうはさせじとバットでボールをはじき返そうとするわけだから、その点でよく似ている。クリケットの先祖であったのはまず確実だと思われる。スツールボールのスツールは、本来、投手側にも打者側にも属さない中立の的《まと》にすぎなかった。もしくは、打者側が投手側から防御すべきもの、しいていえば打者側に属するものだった。スツール（ウィケット）に着目してみると、中立（スツールボール）もしくは打者側（クリケット）だった無生物のスツールが、生きた人間の捕手に変わって投手サイドに組み入れられたのがベースボールだ、ということになる。

なお、スツールボールはいまも存続しており、英国にナショナル・スツールボール・アソシエーションがあり、サセックス州とその周辺でプレイされている。ＳＡＢＵＫ（アメリカン・ベースボール協会英国支部）の発行している紀要の一九九九年号にはスツールボール取材、観戦の記録が載っている。[18] サセックスには六〇、サリー州には二五のクラブがあるという。現行のルールはより複雑化し、ウィケット（スツール）が二つになり、打者（バッツマンと呼ばれる）は打って走らねばならず、かなりクリケットに近い形態になっている。一七五五年に刊行された有名なサミュエル・ジョンソン博士の英語辞典にはスツールボールが「スツールからスツールへとボールを飛ばすゲーム」と定義されているから、この頃にはすでにスツールを二つ使うようになっていたのだろう。

§8　シェイクスピアのベースボール

ついでながら、シェイクスピアには先述の『二人の血縁の紳士』以外にも、『テンペスト』二幕一場にバットファウリング（batfowling）なるゲームが出てくる。夜、ランタンの光で鳥の目をくらませ棒でたたき落とす狩猟法、もしくは狩猟ゲームというべきものだが、鳥をボールに見立てれば、空中にある物体を棒で打つという点でクリケットやベースボールと基本は同じといっていい。

シェイクスピアのせりふといえば、よく冗談でベースボールと関連づけられてきた。たとえば、『マクベス』の魔女のせりふ「きれいはきたない、きたないはきれい」（一幕一場）だが、原語は“Fair is foul and foul is fair.”だから、「フェアはファウル、ファウルはフェア」となる。『ハムレット』終幕近くでハムレットとレアティーズが剣で立ち会う場面、ハムレットの突きを審判役のオズリックは「一本、まぎれもない一本（A hit, a very palpable hit!）」（五幕二場）と判定するが、これも「ヒットだ、文句なしのクリーン・ヒット！」というわけだ。「こやつは暑気にあたって気がふれたぞ（This is a mid-summer madness.）」（『十二夜』三幕四場）はどうだろう。夏にますますヒートアップしてくるペナントレースか、はたまた甲子園球場の熱狂か。しかし、そういったユーモラスなこじつけでなく、シェイクスピアにはスツールボールとバットファウリングそのものが書かれているのである。

§9　退化という名の進化？

文献ではスツールボールと同様、一四〇〇年代にまでさかのぼることができる古い打撃ゲームにトラップボール（trapball）がある。『オクスフォード英語辞典』は一六五八年の例を載せている。トラップとはシーソーのような仕掛けで、原始的なノック用マシン（もしくは一人用バッティング練習マシン）と考えればよい。片方の端にボールをのせ、もう一方の端を足で踏む。ボールが跳ね上がったところを羽子板状のバットで打つ。守備、フェアとファウルの概念、攻守交代はあるものの、ピッチングとベースランニングはなく、基本的にはボールをどれだけ遠くまで飛ばすかを競うゲームである。スツールボールよりもさらに単純で、第一章で筆者が想像した原初の〝一人ノック〟を彷彿とさせるものがある。筆者の空想にいくぶんなりとも真実が含まれているとすれば、トラップボールの起源は相当に古いだろう。かなり早い段階で打撃ゲームとしての進化が止まり、ピッチングとベースランニングがないままの状態で十五世紀以降に受け継がれたのではないだろうか。もしそうなら、ベースボールとは確かに血縁関係はあるが、遠い遠い親戚という程度で、直接的なつながりは弱いとみなさざるを得ない。はるかな昔に進化の本流から外れてしまった傍流として位置づけておくことにしたい。

英国にはもうひとつ、タット・ボール（tut-ball）があった。初出例は一五一九年、“tuts”という形で現れる。『オクスフォード英語辞典』はベースと同義だという。だとしたら、tut を base に置き換えると、タット・ボールはベースボールになってしまうではないか。実際、デヴォンシャに残る一七七七年の文書では、タットを復活祭の休日におこなうスツールボールの一種としている(19)。ただし、素手またはバットで打つということ以外、実体はよくわかっていない。

スツールボールからクリケット、ベースボールへの流れは容易に想像がつくのだが、スツールボールがどのようにして生まれたのか、系統樹のどこに位置づけたらよいのか、大いに迷うところだ。まず、先行形態に該当するゲームが見当たらないのである。リビア・ゲームと比較すると、参加人数が大幅に少なく、ベース、ランニング、フィールディングが抜け落ちており、別系統の打撃ゲームとの印象を受ける。かりに同系統としても、相当に退化、退歩したように見える。しかし、必ずしも時間的進行にともなう〝進化〟ばかりを考える必要はないのかもしれない。

もともとミルクメイドたちが乳搾り作業の合間にプレイしたのであれば、何人ものメンバーが一度に揃うことは期待できない。広いスペースを確保していちいちベースを設置するのも面倒である。そこで、ホームベースのみをミルキング・スツールで代用し、スカートをひるがえして走ることを省略し、二人だけでできるように簡略化したとは考えられないだろうか。つまり、投と打というエッセンスのみを抽出し、スツールをめぐる投手と打者の攻防という新たな要素に変換したのだ。素手とバットは互換可能だから、さほど重大視する必要はない。ある年代以上の読者なら、子どもの頃にバットを使わず素手でゴムボールを打つ略式野球で遊んだ記憶がおありだろう。一見すると退化したように思えるが、単純化、簡略化という形の〝進化〟もあり得るのだとすれば、スツールボールが北欧起源の打撃ゲームを祖とする可能性が消えたわけではない。

ヘンダスンはフランスのラ・スールからスツールボールが生まれたと主張しているが、確たる証拠はなく、推測の域を出ない。何よりも、ゲームの形態が違いすぎるのが問題だ。それに、もしもラ・スールなり、テクなり、フランスの打撃ゲームが英国に伝わり、スツールボールを生み出すもとになったのなら、スツールボールの名称自体やプレイ用語、用具名などにフランス語の痕跡が残っていてもよさそうなものだ。じっさい、ラクロスはフランス人がカナダに持ち込んだもので、ラ・クローシュという元の発音がなまってラクロスになったことが確かめられている。痕跡がないということは、テクよりももっと古い打撃ゲームがイングランドに存在していた可能性もある。記録には残っていないが、一〇六六年にノルマン人がイングランドに侵入して王朝をたてたとき、北欧に起源をもつ打撃ゲームの古型をたずさえてきた、との想像も成り立つ。

打撃ゲーム史のなかできわめてユニークな位置を占めるスツールボール。その前身は謎に包まれているが、どうやら英国固有のゲームらしい。そこからクリケットのみならずベースボールへの道までもが開けたことはほぼ確実と言っていいであろう。

ベースボールという名を持つ打撃ゲームはいまだ歴史にその姿を現していないが、誕生までもうすぐのところまできている。

註

（1）Johann Christoph Friedrich Gutsmuths, *Spiel zur Übung und Erholung des Körpers und Geistes für die Jugend, ihre Erzieher und alle Freunds Unschuldiger Jugendfreunen* (Schnepfenthal: Verlag der buchhandlung der Erziehungsanstalt, 1796), pp. 45-57. なお、ドイツ語原文の読解にあたっては、井上正篤東京工業大学名誉教授（ドイツ文学）から懇切なご教示を得た。

（2）*Ibid.*, pp. 62-68.

（3）Erwin Mehl, "Baseball in the Stone Age," *Western Folklore* 7. 2(1948), p. 152.

（4）*Ibid.*, p. 153.

（5）*Ibid.*, pp.154-55. グァリノーニのドイツ語原文及びその英訳は、Mehl, "Notes to 'Baseball in the Stone Age,'" *Western Folklore* 8. 3(1949), p. 154.

（6）ただし、『源氏物語』の英訳で知られるアーサー・ウェイリー（一八八九〜一九六六）の白居易伝には、十五歳で即位した唐の敬宗が「ボール遊びをする（play ball, playing ball）」という謎の記事がある。Arthur Waley, *The Life and Times of Po Chu-I 772-846 A. D.*(London: Allen & Unwin, 1949), p. 157.

（7）左注の読み下し文は以下の通り。「右は、神亀四年の正月に数《あまた》の王子《おほきみ》また諸《もろもろ》の臣子《おみのこら》等の春日野に集《つど》ひて、打毬の他の楽《たのしび》を作《な》す」。中西進訳注『万葉集全訳注原文付（一）』（講談社、一九八〇年）、三七〜三八頁。

（8）『平家物語　上』巻第五「奈良炎上」、日本古典文學大系第三二巻（岩波書店、一九五九年）、三八一頁。ただし、同書の註（三八〇〜八一頁）によれば、正しい漢字表記は「毬打」である。巻十二の「六代被斬」にも、

「及丁」の表記で再び現れる。『平家物語　下』、日本古典文學大系第三三巻（岩波書店、一九六〇年）、四二一頁。

（9）『倭名類聚鈔』（正宗敦夫編）巻四、八（表）（風間書房、一九六七年）。ただし、原文には「打毬曲杖也」とあり、ゲームそのものではなく、スティックを指している。

（10）Maigaard, *op. cit.*, pp. 270-71.

（11）林英樹訳『三国史記　上　新羅本紀』（三一書房、一九七四年）、一〇七頁。

（12）原文では「打毬」となっているが、注釈では蹴鞠と解している。『日本書紀　下』、日本古典文學体系第六八巻（岩波書店、一九六五年）、二五四～五五頁。

（13）Henderson, *Ball, Bat and Bishop*, p. 44.

（14）David Block, *Baseball Before We Knew It: A Search for the Roots of the Game*(Lincoln and London: University of Nebraska Press, 2005), pp. 147-151.

（15）Joseph Baldassarre, "Baseball's Ancestry," *The National Pastime: A Review of Baseball History* 21(2001), p. 42.

（16）Block, *op. cit.,* pp. 107-108.

（17）アーヴィング・A・ライトナーはスツールボールを詳しく取り上げ、「ラウンダーズの直接の祖先らしく思われる」と述べている。 Irving A. Leitner, *Baseball: Diamond in the Rough*(New York: Criterion Books, 1972), pp. 28-29.

（18）Martin Hoerchner, "Stoolball is Alive and Well in Sussex," *SABRUK Examiner* 11(1999). <http://www.sabuk.org/examiner/11/stoolbell/html>

（19）Block, *op. cit.*, p. 137.

図版出典

図4　Gutsmuths, *Spiel*, p. 63.

図5　「正月の毬杖」、日本繪巻物全集第二四巻『年中行事繪巻』（角川書店、一九六八年）、九八～九九頁。

図6　「堂上家の蹴鞠」、『年中行事繪巻』、五六～五七頁。

図7　Henderson, *Ball, Bat and Bishop*, p. 42.

図8　*Ball, Bat and Bishop*（ページ数なし）

図9　*Ball, Bat and Bishop*（ページ数なし）

図10　*Ball, Bat and Bishop*（ページ数なし）

第Ⅲ章 大英帝国の打撃ゲーム——殿下と淑女と子どもたち

§1 英語の〈ベースボール〉の最古の例を求めて

ベースボールという語はもちろん英語である。古代以来、ベースボールに類似する打撃ゲーム（ボール打撃ゲーム）はヨーロッパ及びリビアにおいてさまざまな名で呼ばれていた。英国にもスツールボール、タット・ボールがあった。おそらく北欧に源を発すると思われ、その後、紆余曲折をへて英国で形を整えた打撃ゲームが、英語でベースボールと名づけられることによってはじめて、真の意味でベースボールが誕生したのだと言うことができる。ではそれはいつのことなのか。もちろん、西暦何年に誰それが名づけたという記録など残っているはずもないが、おおよそのところは文献でわかるのではないだろうか。ベースボールという英語が文献上どこまでさかのぼれるのかを見ていくことにしよう。

これまで「ベースボール」の最古の例とされてきたのは、一七〇〇年、イングランド南東部メイドストン（ケント州の州都）に住むピューリタンの牧師トマス・ウィルスンが日記に書き残した一節にある。すなわち、「主の安息日に［本来するべきでない］モリスダンス、棍棒遊び、ベースボール(baseball)、クリケットをはじめとする多くの慰みごとをしているのを見たことがある」というものだ。英国のピューリタンは十六世紀末以降、スポーツ一般、わけてもボールゲームに対して抜きがたい偏見、嫌悪感を持つようになったが(1)、ウィルスン師の場合もその例にもれなかった。しかも安息日破り（Sabbath breaking）とあってはなおさらである。この一節は権威者ロバート・ヘンダスンによって引用、紹介されたため、疑いを差しはさむ者はいなかった(2)。

ところが、奇特な英国のベースボール研究者が詳しく調べてみると、ヘンダスンは原史料の日記は参照しておらず、一九〇一年の雑誌記事「クリケットの歴史」にある引用文を孫引きしていたにすぎなかった。それだけならまだよいのだが、問題の一節は一七〇〇年にウィルスン牧師本人が書き残したものではなく、一六七二年に刊行されたウィルスン牧師の伝記『ケント州メイドストンの牧師トマス・ウィルスン氏の生涯と死』にあるものだった。しかも、原著でモリスダンス、棍棒遊びの次に挙げられているのは「ベースボール」ではなく、何と「スツールボール」だったのである(3)。ヘンダスン御大のとんだボーンヘッドであった。したがって、「主の安息日に云々」はスツールボールの一六七二年の用例ではあっても、ベースボールの用例ではなかったことになる。かく言う著者も、旧著『ベースボール創世記』ではそれを最古と紹介してしまったので、ここで訂正しておかなくてはならない。

§2 〝ガツンとボールをひっぱたき〟――『リトル・プリティ・ポケットブック』

さてそうなると、繰り上がって最古となるのは一七四四年の例である。ジョン・ニューベリーという人物がロンドンで刊行した子供向けの遊びのガイドブック『リトル・プリティ・ポケットブック（*A Little Pretty Pocket-Book*）』に「ベース・ボール（base-ball）」の項目があるのだ。ベースボールの表記は今日の〝baseball〟とは違って〝base-ball〟とハイフンが付いているものの、これこそ掛け値なしに初めて歴史に現れたベースボールである。いまから二百六十年余り前の一七四四年と言えば、英国はジョージ二世の治下にあり、オーストリア継承戦争の一環として北アメリカで英仏が衝突したジョージ王戦争のあった年。ヨーロッパでは、絶対君主のフリードリヒ二世やハプスブルク家のマリア・テレジアが健在だった。わが国では徳川吉宗による享保の改革が末期にさしかかる頃である。

ただ細かいことを言うなら、この本の初版から第九版までは残存しておらず、一〇版（一七六〇年）、十一版（一七六三年）、十二版（一七六七年）が一部ずつ、十三版（一七七〇年）が二部残っているにすぎない[4]。それらを比較すると内容に変化がないので、一〇版以降の中身が初版と変わりないものとみなして、「一七四四年初出」としているわけである。タテ一〇センチ、ヨコ六・四センチ、総計一〇〇ページ足らずの、文字通り小さなポケットブックである。オクスフォード大学出版局から一九六六年に復刻された十二版の中表紙を以下に掲げよう。

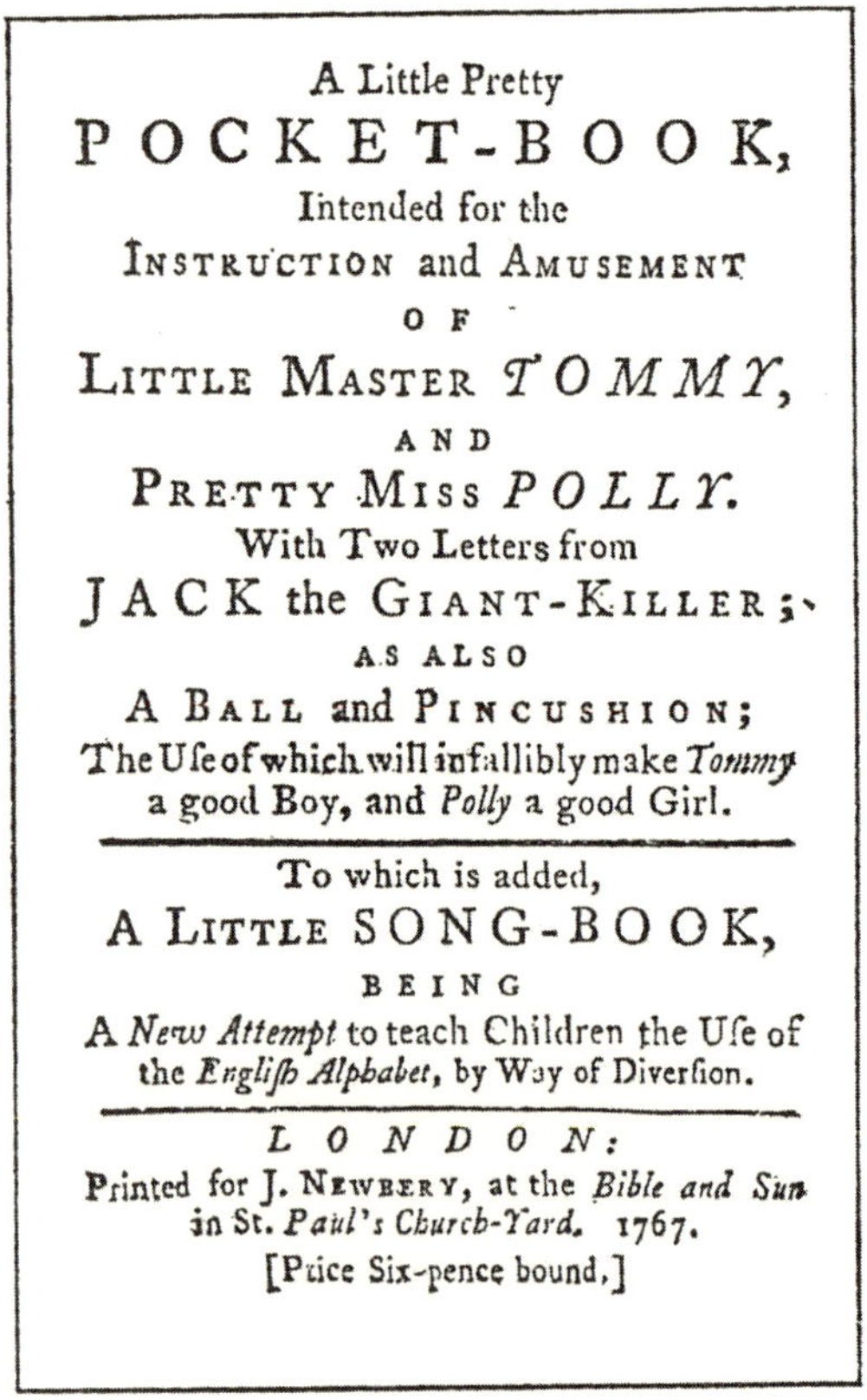
A Little Pretty
POCKET-BOOK,
Intended for the
INSTRUCTION and AMUSEMENT
OF
LITTLE MASTER *TOMMY*,
AND
PRETTY MISS *POLLY*.
With Two Letters from
JACK the GIANT-KILLER;
AS ALSO
A BALL and PINCUSHION;
The Uſe of which will infallibly make *Tommy*
a good Boy, and *Polly* a good Girl.

To which is added,
A LITTLE SONG-BOOK,
BEING
A *New Attempt* to teach Children the Uſe of
the *Engliſh Alphabet*, by Way of Diverſion.

LONDON:
Printed for J. NEWBERY, at the *Bible and Sun*
in St. *Paul's Church-Yard*. 1767.
[Price Six-pence bound.]

図 11 『リトル・プリティ・ポケットブック』12 版の中表紙

昔の書籍らしく、正式な書名は"A Little Pretty Pocket-Book, Intended for the Instruction and Amusement of Little Master Tommy, and Pretty Miss Polly, With Two Letters from Jack the Giant-Killer; As Also Ball and Pincushion ; The Use of which will infallibly make Tommy a good Boy, and *Polly*, a good Girl"と、おそろしく長い（以下、『ポケットブック』と略す）。保護者や子守を読み手に想定した前書きに始まり、民話の登場人物である「巨人殺しのジャック（Jack the Giant-Killer）」から坊っちゃん嬢ちゃんに宛てた訓話ふうの手紙に続いてガイド本体となり、巻末には子ども向けのことわざ選がついている。(5) 肝腎の「ベース・ボール」を紹介するページはというと、次のようになっている

挿絵はあとまわしにして、記述を見てみよう。まず、「ベース・ボール」なる遊びが四行の韻文で紹介されている。

ガツンとボールをひっぱたき
いっさんに男の子は走る
次の定められたポストへ
そして歓喜とともにホームへ

遊び方やルールは大方の既知事項として省略したのか、これ以上の説明はなされておらず、いか

The little k *Play.*

BASE-BALL.

THE *Ball* once ſtruck off,
Away flies the *Boy*
To the next deſtin'd Poſt,
And then Home with Joy.

MORAL.

Thus *Britons* for Lucre
Fly over the Main;
But, with Pleaſure tranſported,
Return back again.

図12 『ポケットブック』における「ベース・ボール」の紹介部分

にも漠然としている。ベースボールの予備知識がない者にとっては、謎めいた暗号のようにしか思えないだろう。この韻文には以下のようなモラル（寓意、教訓）が添えられている。

モラル

かくしてブリトン人はリューカーを求め
大海原をこえてゆく
さりながら、忘我の喜びとともに
再び帰り来る(6)

リューカー（Lucre）はラテン語の "lucrum" を語源とする利益の意。新約聖書には、「恥ずべき利益をむさぼらず（not greedy of filthy lucre）」なる記述が見られる（テモテ前書第三章第八節）。どうやらここでは、ホームでの得点（生還）をめざすこのゲームのことを知らない読者に、プレイヤーを航海者に、グラウンドを大海原にたとえてイメージの喚起をうながしている、と想像される。想定されているのは、コロンブスやバスコ・ダ・ガマ、マゼラン――彼らは「ブリトン人」ではないが――といった、莫大な利をもたらす航海者か、はたまた数多の略奪品を持ち帰る海賊船（私掠船）船長サー・フランシス・ドレイクだろうか。リューカーは、十八世紀当時はともかくとして、現在では「（不正なやり方で得た）金銭」という、あまり芳しからぬ意味になっている。「銭ゲバ」の

「銭《ぜに》」というところか。そこで思い起こされるのは、かつて日本プロ野球界にあった「グラウンドにはゼニが落ちている」（鶴岡一人）という名言である。(7) ともあれ、ここではプレイの一部が描写されているだけでルールは書かれていないので、きちんとしたルール説明としては、第二章で詳しくふれたグーツムーツのスポーツ・ガイド大全（一七九六年刊行）が世界最古ということになるだろう。

とはいえ、この簡潔すぎる短詩からでも三つほど重要なポイントを読みとることができる。

まず、打者がバットにボールを当てたら走るという決まりがあること。つまり、スツールボールにはなかった、ベースランニングの要素が加わっているのだ。

次に、今日のベースの代わりにポスト（柱、杭）を用いていること。スツールボールの影響が色濃く残るベースボールの初期段階では、後年の平面的なベースにあたるものはまだ立体的だったのである。

第三に、「走って……ホームへ」という表現も軽々しく看過することはできない。なぜなら、打者走者がホームをめざす（＝ホームへの帰還を目的とする）という、ベースボールならではの特徴がそこにあらわれているからである。起点となるホームが終点にもなるということはスツールボールにはないことだし、二つのウィケットの間を何度も往復するクリケットにもない。逆にいえば、ホームをめざす打撃ゲームはベースボール以外にはない。ベースボールをベースボールたらしめている枢要な要素こそ、「ホームから出発してホームへの帰還をめざすこと」なのだ。ホームを設定し、最終的に回帰すべきホームへの到達を得点とみなすことで、他の似通ったボールゲームとの差別化がなされ、打撃ボールゲームとしてのベースボールのアイデンティティが確立した、と言ってもいいかもしれない。そのことが『ポケットブック』から読み取れるのである。この書物によってはじめて世に紹介された「ベース・ボール」を、（グーツムーツのいう「英国式ベース・ボール」と区別して）ブリティッシュ・ベースボールと呼ぶことにしよう。

§3 〈巡礼の聖なるボール〉への先祖返り

ここで、ホームに回帰することを目指すゲームがブリティッシュ・ベースボール以外にもうひとつ存在していたことを思い出してほしい。そう、第一章で詳述したあのリビア・ゲームである。古代の打撃ゲームがリビアでおそらくは原型に近い形のまま保存されたのに対し、ヨーロッパ大陸では北から南へと伝わっていくうちに、ベースボールの萌芽的な要素が次第に薄められて別種のゲームへと変貌していった。プラハの“Schlagball”しかり、フランスのラ・スール、テクしかり――かろうじてドイツでは原型のリビア・ゲームに近い形が「ドイツ式ボールゲーム」として残存したけれども。

ところが、それがヨーロッパ文化のひとつの終着駅である英国に伝わると、薄められていたリビア・ゲーム的要素は再度濃縮され、いってみれば先祖返りの現象が起こったかに見える。スツールボールやタット・ボールのあとに「ベース・ボール」が出現したところをみると、ドイツから直輸入されたというより、孤立した島国・英国という特殊な風土において発酵、熟成することにより、古代の原型が有していた要素――打ってから走る、ホームに還る――がよみがえったのではないだろうか。

この『ポケットブック』は、ほどなくしてアメリカに輸入されたとみえて、一七五〇年の『ペンシルヴェニア・ガゼット』紙に出版広告が掲載されている。したがって、英国人が著したものとはいえ、「ベース・ボール」の語は、独立革命が起こる前の一七五〇年という早い時期にアメリカ植民地人の眼にふれていたことになる。さらに一七六二年にはニューヨークで、一七八六年にはフィラデルフィアで、それぞれ海賊版が出ている。一七八七年になると、マサチューセッツ州ウスターで正規のアメリカ版がリプリントされ、売り出されている。(8) 時代を考えるとさほどの部数が出たとは思えないが、とにもかくにも、『ポケットブック』は十八世紀末葉のアメリカでも海賊版が出回るほどの需要があり、実際に読まれてもいたのだ。

§4　当初、ベースはポールだった

さて次に、韻文の上にある木版画（図12）に注目しよう。これはベースボールを描いた図版として、目下のところ世界最古とされているものである。

『ポケットブック』は子どもの遊びを紹介した本なのに、挿絵に登場する人物はなぜか大人ばかり。ごくまれに子どもが混じっている絵もあるが、子どもだけという絵は皆無である。この「ベース・ボール」の図でも同様に、プレイしているのは紳士風であって、しかも三人しかいない。先の韻文で言及されたポストは三本立っている。いわゆる三角ベースのように三本の柱しか使わないのか、それともたんに四本目のポストが描かれていないだけなのか、判然としない。他のボールゲームの挿絵から類推するに、打者、投手、野手、走者すべてを描くと煩雑になるため、便宜上三人にしぼって単純化を試みたようだ。

左の男は柱の前方に立ち、球体らしきものを持った右手を前に出している。投手のように思える。中央の男はリラックスした様子で、左手をポストにかけている。走者なのか野手なのか。右の男はポストの前方で両足を開き、右手を上げ加減にしている。左の男が投手だとするとこの男は打者なのかもしれない。打者ならばバットらしきものが見えないのはいささか不可解だが、遠い祖先と考えられるフランスのラ・スールも素手で打つことがあったし、スツールボールも素手での打撃であったから、バットを使わなくても別段おかしくはない。最前の四行の韻文とつき合わせてやっとおぼろげにゲームの輪郭が見える程度で、残念ながらゲームの実体把握のためにはあまり参考にはならない。

この木版画を見ていると根本的な疑問がわいてくる。使われているのはポストなのに、なぜゲームの名称はポスト・ボールではなくベース・ボールなのだろうか。その疑問に答えるのはさして難しいことではない。

ベースといえばどうしても今日使われているような平たいキャンバス地やゴム製のものなどを思い浮かべてしまうが、要するに走者が一時的にとどまるベース（基点、基地。登山でも頂上を目指す途上でベースキャンプを構築する）なのだから、柱であっても杭であってもスツールであっても、いっこうにかまわないわけだ。考えてみれば、かつて日本の子供たちが原っぱや空き地で野球をする時には、石ころや木の枝や草の根、空き缶など、何でもその場にあるものをベースがわりにしたものである。ベースが立体的なポストから平面状のものへと変わるにはまだ時間が必要だったのである。

これはあくまでも想像だが、いつの頃からかスツールボールでスツールを使うのをやめ、さらに打者がボールを打ったのちに走るというルールが採り入れられると、到達目標として石や木片を置いたり柱を立てたりするようになる。それをベースと呼ぶようになって、「ベース・ボール（baseball）」という名称が発生したのではなかろうか。ベースボールにはかつてゴール・ボールという別称も存在したが、なるほどベースとは打者がとりあえず到達をめざすべきゴールでもある。むろん最終到達目標はあくまでもホームであって、ベースはさしあたっての到達目標、つまり通過点にすぎない。四つあるベースのなかでもホームベースは出発点でもあり、最終的な到達目標＝終点でもある、特別なベース（ゴール）なのである。

このように見てくると、英国における打撃ゲームの進化プロセスがおぼろげに見えてくる。文献上の証拠はないから純粋に形態のみに着目しての話だが、ラ・スールにスツールが加わってさらに複雑化したのがスツールボールだということになる。

どうやら、このスツールボールから先に枝分かれして生まれたのがクリケットであるらしい。スツールボールを共通の祖先とし、クリケットよりも遅れて、クリケットの影響を随所に受けつつ形成されていった別種のボールゲームがブリティッシュ・ベースボールだったのではなかろうか。

ともあれ、一七四四年にベースボールが登場したというのはあくまでもことばの上、文献の上でのことで、記録に残っていない実体としてのゲームの成立自体はもっとずっと古く、控え目に見積もっても十七世紀にまでさかのぼることができるだろう。ベースとランニングが加わったのは、リビア・ゲームへの回帰、つまりスツールボールにおいていったん捨て去られた要素が復活した、とも考えられる。

§5　ジョージ王朝下、ベースボールは王室御用達の遊びだった

『ポケットブック』に次ぐ、ベースボールの二番目に古い貴重な用例は、十八世紀ジョージ二世治下の英国で美貌と才智を謳われた社交界の華レイディ・ハーヴェイ（メアリー・レペル）の一七四八年十一月十四日付け書簡に見出すことができる――ただし書簡集そのものの刊行は一八二一年から二二年にかけてであるが。(9) レイディ・ハーヴェイはこう報告しているのだ。「冬、大きな部屋のなかで、彼らは気晴らしにベース・ボール (base-ball) をします。学校に通う男の子なら――もう卒業した人もそうですが――誰でも知っている遊びです。殿方ばかりでなく御婦人もこの遊びに加わります(10)」

『ポケットブック』からわずか四年後、ここでも表記はハイフン付きである。屋内でボールゲー

ムをプレイできるほど贅沢なのも道理、引用文中で「彼ら」というのはプリンス・オブ・ウェールズ、つまり皇太子の家族を指している。皇太子一家であれば、おそらく大舞踏会のためにでも使うのだろうか、ボールゲームができるくらいの大きな部屋があってもいっこうに不思議ではない。それにしても、現在の英国では冷遇されているベースボールが、往時は上流も上流、次期国王と目される人物とそのやんごとなき一家が興じるほどの〝王室御用達〟のゲームだったとは驚きである。

一七四八年の時点で皇太子だったのはジョージ二世の息子フレデリック・ルイス。この三年後、王位につく前に世を去ってしまったため、結局はその長男が祖父の後を継ぐのだが、これこそ植民地アメリカと敵対することになるジョージ三世（一七三八〜一八二〇）である。一七四八年当時十歳の遊びたいさかりであれば、一家の一員として当然、嬉々としてボールゲームに加わっていたと想像される。植民地の独立派にとって圧政、抑圧の象徴であった〝悪王〟が、少年時にはこともあろうに、のちのアメリカの国民的スポーツ（の前身?）を楽しんでいたのだ。これまた奇しき因縁と言わなくてはならない。ジョージ三世が家庭を持つようになってから、ロイヤル・ファミリーがベースボールをプレイしたか否かについては残念ながら記録がない。

§6　ベースボール禁止令の公文書がアメリカ最古の用例

レイディ・ハーヴェイの書簡に続くのは、近年英国で発見された一七五五年の一例である。

ひとつは、サリー州の歴史家にして古物収集家ウィリアム・ブレイ（一七三六年生まれ）の日記で、同年三月三十一日の項に「ミス・シールのお宅に伺ってベース・ボールをプレイした（Went to Miss Seale's to play at Base Ball）」と書いているのだ。[11]当時十九ないし二十歳のブレイは、いっしょにプレイした男性三名、女性七名の名前まで記している。

もうひとつは、五五年にロンドンで刊行された諷刺文集『ザ・カード』にあるハイフン付きの"Base-Ball"である。著者は、逮捕を逃れるために国外脱出したほどの、悪評ふんぷんたる聖職者ジョン・キッジェル。面白いことに、あの『ポケットブック』を刊行したジョン・ニューベリーが出版元になっている。

ここでは、「子どものゲームであり、ティーンエイジャーになると進歩してファイヴ［ハンドボール］をするようになり、おとなになってプレイするゲームはテニスと呼ばれる（an *infant* Game, which as it advances in its *Teens*, improves into *Fives*, and in its State of *Manhood*, is called Tennis）」と説明が加えられている。『ザ・カード』は諷刺文であるだけに必ずしも額面通りには受け取れないけれど、最初及び二番目の用例と合わせて考えれば、「ベース・ボール」はやはり子どもの遊びであって、二十歳にもなろうかというブレイがプレイするのは異例ということになるだろう。

五番目にようやくアメリカの用例がくる。二〇〇四年五月十二日付けの『ニューヨーク・タイムズ』は、マサチューセッツ州ピッツフィールドに保存されていた一七九一年の文書に「ベースボール」の一語があったと報じた。「新公会堂の窓ガラス保全のため、当地のいかなる住民も公会堂の八〇ヤード（約七三メートル）以内でウィケット、クリケット、ベースボール（Baseball）、フットボール、キャット、ファイヴ等ボールを用いたゲームは一切プレイしてはならない」というわけだ。皮肉なことに、英語史上五番目にあたり、アメリカで最古となる用例はベースボール禁止令の公文書だった。禁止令とはちょっと淋しいような気もするが、禁止令が出るということはそれだけ熱心にプレイされていたということだから、よしとしておこう。

従来、アメリカ国内で最も古いとされるベースボールへの言及は一八二三年のニューヨークの新聞記事だったから、それより三十年以上も早い例の発見は大ニュースになったのである。しかも、ピッツフィールドのこの公文書では"Baseball"と表記されている（古い時代には英語でもドイツ語のように普通名詞の冒頭を大文字にしていた）。十九世紀後半でも例のなかったハイフンなしの一語扱い"baseball"が、十八世紀末に使用されていた事実も史家を驚かすに足ることだった。たとえば、一八七六年に誕生したナショナル・リーグの正式名称はNational League of Base Ball Clubsであって、ベースボールは二語扱いなのである。もっとも、一七九一年に一例だけハイフンなしの"baseball"があるのは、たんに文書作成者がうっかりハイフンを抜かしただけのことかもしれず、あまり深い意味はないのかもしれないが。

ついでながらアメリカには、「ベース・ボール」らしき用例が一七九一年以前に存在する。まずは独立革命のさなか、植民地軍中尉ジョージ・ユーイング中尉の一七七八年の日記（四月八日の項）に「ベース（base）をプレイした」とある。[12] 惜しいことに「ベース・ボール」ではないが、ベースボールをベースと略すのは大いにあり得ることだから、断言はできないものの、ベースボールそのものであったかもしれない。

ユーイングが日記を書いた時、彼の部隊は厳冬のヴァリー・フォージ（ペンシルヴェニア州）で野営を続けており、これはのちにアメリカ独立革命戦史上名高い越冬となるのだが、その指揮官はジョージ・ワシントンだった。その前年の七七年、ワシントン将軍は兵士の士気を高めようと、「身体を使う気晴らしのゲームは許されるどころか奨励すべきである」との訓令を発しているほどで、[13]スポーツの効用に理解があったのである。

当のワシントンに関しても、「今日［七九年九月十二日］将軍［ワシントン］は副官相手に何度も長時間キャッチボールをした（throws and catches a ball）」とのフランス人書記官による証言がある。[14]ワシントンの場合は打撃、走塁の要素を欠いたキャッチボールにすぎないものの、ジョージ三世、ユーイング、ワシントンという三人のジョージが、同じようにボール遊びを好んでいたのは間違いない。

プリンストン・カレッジ（現プリンストン大学）のジョン・リー・スミスという学生は一七八六年三月の日記に、「キャンパスでベースト・ボール（baste ball）をプレイ」したと記す。[15]他の文献には見られない「ベースト・ボール」だが、「ベースト」には古い俗語で「強打する」という意味がある。ベースボールをプリンストン流にアレンジした変種なのか。それともベースの訛りなのか、たんなるスペリングのミスにすぎないのだろうか。すでに紹介したように、この五年後に紛うかたなき「ベースボール」が現れるのである。

たんなる「ボール（Ball, ball）」ならば一七七五年から七九年にかけて何例も残っている。例えば、コネチカット州出身の兵士シメオン・ライマンは日記の七五年九月六日の項に「一日じゅうボールをプレイした（played ball all day）」と記している。[16] ニュー・ハンプシャーの将校ヘンリー・ディアボーンの七九年四月三日の日記には、「ボールゲームをプレイした（Play'd a game at ball）」「ボールをプレイする」(to play ball)と、二箇所に出てくる。[17] その他の例からも、「ボール」が独立革命当時、兵士のあいだで好まれていたことがうかがえる。

兵士だけでなく大学生もボール遊びに打ち興じていたらしいことは史料によって確かめられる。一七六四年という早い時期にイエール・カレッジ（現イエール大学）は「ハンド・ボール、フット・ボール、ボウルズ」などのボール遊びによってキャンパスの芝生を傷めたら罰金という規則を作っている。現在のハンドボールが成立するのは、はるか後年の十九世紀末だから、この「ハンド・ボール」はベースボールに似た打撃ボールゲームではないかとも考えられる。イエールにつづいてダートマス・カレッジも一七八〇年に、建物の窓の近くで「ボール遊び（play at ball）」その他の遊戯をした場合には罰金を科すとの布告を出している。また、ペンシルヴェニア大学は一七八四年に、「窓の開いている時は、校舎の壁を使ったボール遊び（play ball against any of the walls）」を禁止している。[18]

十八世紀末から十九世紀にかけてのダートマス・カレッジ在学時代を回想して、書簡に「ボールある。[19] ウェブスターは、マーク・トウェインが出世作「キャラヴェイラス郡の悪名高き跳び蛙」の中で、こともあろうに蛙に〝ダンル・ウェブスター（Dan'l Webster：ダンルはダニエルの訛った形）〟という名前をつけて揶揄したほどの、誰もが知る時代を代表する大物政治家だった。

では、そのように文献にしばしば現れる「ボール」とはどのような遊びだろうか。図13に掲げるのは、あの『ポケットブック』の類書といえる子ども向け遊びのガイドブック『子どもの遊び（*Children's Amusements*）』（一八二〇年にアメリカで刊行）に載っている木版画である。作者はアリグザンダー・アンダスン、キャプションは「ボールをプレイしているところ（playing ball）」となっており、ゲームとしての「ボール」を描いたものとしては最も古い。

この木版画に描かれた「ボール」は、例えば『ポケット・ブック』の「ベース・ボール」の挿絵（図12）などよりもよほど、我々のよく知るベースボールに似ている。先に引いた「ボール」のいくつかの用例とこの版画との年代差は四十から四十五年程度にすぎないから、「ボール」が同じゲームを指していた可能性は高いだろう。そうなると、三段論法でいくなら、一七七〇年代から八〇年代にかけての「ボール」という用例が「ベース・ボール」のことを指していた——つまり、「ベース・ボール」の略称だった——可能性も出てくる。もしもそれらの「ボール」を「ベース・ボール」と読み替えていいのであれば、アメリカ最古の用例は一九七一年以前にさかのぼることになるが、むろんそれはあくまでも可能性の域を出ない。

図13　ゲームとしての「ボール」を描いた最古の絵

「ボール」をめぐる詮索はそのくらいにして、次に、アメリカにおける最も古いボール打撃ゲームへの言及がいつなのかを見ていこう。驚くべきことに、一六〇九年、ジェイムズタウン植民地でポーランドの職人たちが「バットを使ったボール・ゲームをやり始めた（initiated a ball game played with a bat）」との記録が残っている。この記録の発見者デイヴィッド・ブロックはこれをポーランドの古いゲーム「ピルカ・パラントワ（英訳すると“bat ball”）」であろうと推測している。ただし、ポーランド人たちはすぐに荷物をまとめて故国に帰ってしまったから、この謎のゲームがアメリカに痕跡を残すことはなかった[20]。

漠然とした「ボール」とか「ボール・ゲーム」ではなく、れっきとした名のついたボール・ゲームならば、文献上最も早く現れるのはスツールボールなのである。時は植民地時代の一六二一年にさかのぼる。当時のプリマス植民地総督ウィリアム・ブラッドフォードが日記に、クリスマスに街路で「スツール・ボールをしている者もいた（some at stoole-ball）」と記している。[21]"stoole" はもちろん "stool" の古形であり、シェイクスピアとフレッチャーが二語で表記していた "stool ball" はハイフン付きで一語扱い（stool-ball）にされている。トラップボールへの言及となると、一七一三年、一七二八年、一七三七年と、十八世紀前半に三例が見出される。[22]ちなみに、先の『ポケットブック』を見ると、「ベース・ボール」の次のページにはハイフン付きの「トラップ・ボール（trap-ball）」が載っている。

これを見ると、遊戯者の配置は「ベース・ボール」と同じだが、ポストは一本も立っていないことと、右の紳士が細長い棒状のものを持っていることが「ベース・ボール」との大きな違いである。英国で「ベース・ボール」より早い時期に成立していたスツールボールもトラップボールもアメリカに伝わってはいたのだが、結局あまり普及することなく消え去ってしまったようだ。してみると、一七七〇年代の「ボール」はスツールボールやトラップボールの略称であったという可能性もある。いずれにしても、ブリティッシュ・ベースボールは遅くとも十八世紀のうちにアメリカに伝わっていたと考えられる。一七九一年というのはあくまでも文字の上でのことだから、実際にはもっと以前からプレイされていたのは間違いない。たとえば仏教は、正史では百済の聖明王によって五三八年に日本にもたらされたとされるが、それ以前に主として朝鮮半島からの渡来人によって日

図14　トラップ・ボール

トラップボール

シーソーの原理でボールを跳ね上げてそれを打つゲーム。ボールの飛距離を競うもので、投手はおらず、ベースと走塁もない。1400年代の文献にすでに現れている。

本に伝わり、民間で信仰されていたのは確実である。それと同じように、記録に残された正式な伝来よりも、人を介した非公式で実践的な伝来の方が早いのだ。

ベースボールの場合、運搬役となったのは英国からの移民であったろう。マスメディアの発達していない時代のこと、思想、文学ならばともかく、遊戯、スポーツのたぐいならやはり人的交流によらねばならない。アメリカへの移民は一八二〇年代までは英国及びアイルランド出身が圧倒的に多かった。ドイツからの移民は少なく、英国からの移民を上回るほどになるのは一八三〇年になってからである。スカンジナヴィア諸国、ポーランド、その他の東ヨーロッパ諸国に至っては、足し合わせたところで全体の一パーセントにも達しない。たとえば一八二〇年の統計では移民総数八三八五人中、英国の二四一〇人、アイルランドの三六一四人に対し、ドイツは四六二人、五・五パーセントである。北欧、東欧にいたってはわずか四三人にすぎなかった[23]。十八世紀には正確な統計がないが、似たような割合か、あるいはドイツ、北欧、東欧の占める割合がもっと低かったかもしれない。その程度の少数派では、たとえ序章で紹介した古代以来の北欧起源の打撃ゲームが生きながらえていたとしても、いくらグーツムーツの記述するドイツ式ボールゲームを有していたとしても、移民が新大陸に持ち込んで、さらには現地で広く普及するということはほとんど期待できない。あのリビア・ゲームの原型となったゲームも、かなりまとまった数の人間が北ヨーロッパからリビアへ移動しないことには伝わりようがなかっただろう。となれば、アメリカへはやはり人的交流の最もさかんだった英国からアングロサクソンが運んだ、というのが最も自然な考え方となるだろう。

余談ながら、初期の大リーグでプレイヤーや監督の重要な供給源だったのはカトリックのアイルランド系である。名三塁手転じてニューヨーク・ジャイアンツの闘将となったジョン・マグロー、フィラデルフィア・アスレチックスで長期政権を築き、大リーグ選抜軍を率いて来日し、沢村栄治と相まみえたこともある名監督コニー・マック（本名コーネリアス・マクギリカディ）という、ライバル同士だった両重鎮がその代表格といえる。


ここで整理してみよう。同じ名称、似たような内容のゲームが英国、アメリカの二つの国でプレイされている。文献的証拠は英国の方が早いことを示している。もともと両者は旧母国と旧植民地の関係で、人や文物はほとんど一方的に前者から後者へと流れている。となれば、先行者からいっさい影響を受けずに同じような内容の打撃ゲームを独自に開発し、同一の名称をつけるということはまずあり得ない。英国のベースボールとアメリカのベースボールは名前が同じなだけで関係はない、という理屈は通らない。

二〇世紀初頭、ベースボールのアメリカ国産説がとなえられたことがある。仕掛け人は元名投手でスポーツ用品メーカー、スポルディング社の設立者、アルバート・G・スポルディングだった。この野心家はベースボールの起源を調査する御用委員会にお手盛りの結論を出させることに成功する。すなわち、一八三九年、ところはニューヨーク州のクーパーズタウン村、のちに南北戦争の英雄として名を挙げることになるアブナー・ダブルデイという学生が考案し、村の子供たちを集めてゲームをおこなったのが最初である、と。この説は広く一般に信じられた。そのために、それまではどちらかといえば十九世紀アメリカを代表する作家ジェイムズ・フェニモア・クーパーの故郷として知られていたクーパーズタウンが、ベースボール生誕の地とされ、ベースボールの栄誉の殿堂・博物館が建てられるに至ったのである。

しかし、この説が正しいとすると、ダブルデイ青年がゲームを考案するまでアメリカ人、いや英国を含む全世界の人びとはダイヤモンド型のフィールドも、バットでボールを打って走るという一連の動作もまったく知なかったことになるが、すでにここまで読み進んでくれれば、それがもろもろの歴史的事実に反していることがおわかりだろう。

いや、ダブルデイによる〝発明〟が事実ではなくとも、せめて地元の人びとによって語り伝えられてきた伝説であったなら、まだしも救いはあった。ところが、のちにこの説は何の裏付けもないフィクションもしくは妄想であることが明らかになった。委員会がある老人のあやふやな記憶をもとに〝創作〟した、まことしやかなでっち上げにすぎなかったのである。ダブルデイはベースボールとは生涯無縁の人物だったし、クーパーズタウンも他の町や村と比べてとくにベースボールと深い関わりがあったわけではなかった。クーパーズタウンに生まれ育った老人の歳月によって美化された記憶と、ベースボールがアメリカ人によって田園地帯で生み出されたものであってほしいという願望とが合体したものにすぎなかった。そうでなくとも、これまでの経緯から考えて、ベースボール国産説が成り立つ可能性は限りなくゼロに近い。アメリカのベースボールは紛れもなくブリティッシュ・ベースボールから生まれたのである。

だいぶ回り道をしたが、本筋に戻ってベースボールが文献に印した足跡をさらにたどると、ベースボール禁止令に続いて史上六番目となる用例は、一七九九年英国で刊行の歴史小説『バトルリッジ』に現れる（ドイツ語文献まで含めるなら、一七九六年のグーツムーツが六番目となるが）。著者はカッサンドラ・クックという、専門的な英文学辞典でやっと名前が見つかるようなマイナーな女性作家である。作中で登場人物はこう嘆く、「ああ、もうクリケットもベース・ボール (base-ball) もできなくなるなあ。ぼくはジュネーヴに派遣されることになったから」[24]。これは、「ベース・ボール」が子どもだけでなく、職業を持つれっきとした大人によってもプレイされていたという珍しい例である。

一八一八年刊行のジェイン・オースティン——こちらはクックと違い、英国を代表する大作家である——の『ノーサンガー・アベイ』には、「キャサリンが……（中略）……読書よりもクリケットやベース・ボール (base-ball) を好むのは、ほめられたことではなかった」[25]という一節がある。『オクスフォード英語辞典』は、ベースボールの初出例を一七四四年の『ポケットブック』から採らずにこの箇所を挙げ、その年代を「一八一八年頃」としている。オースティンは一八一七年に物故していて『ノーサンガー・アベイ』は死後出版だからそのようにしたのだろう。だが、実際に書かれたのは『オクスフォード英語辞典』が推定したよりもずっと早く、一七九八年もしくは九九年と考えられている。だとすれば、執筆時期はクックの『バトルリッジ』とほぼ同時期となる。しかもクックはオースティンの母親のいとこであった。なお、クックとオースティン、いずれもが "base-ball" とハイフンがついた表記を採用している。

このように見てくると、英語史上二、六、七番目に古い用例は、これまでベースボールがもっぱら男性中心にプレイされたり論じられたりしてきたことからすると、意外なことに、女性、それも英国女性の手になるものであった。(26) 少なくとも十八世紀末までは、「ベース・ボール」は英国の女性文筆家にとってよほど身近な遊びであったらしく、小説の中にもごく自然に書き込んでしまうほどだったのだ。さらにいうなら、クック、オースティンともにクリケットと「ベース・ボール」を同一センテンス内に並べて書いている。クリケットとくれば「ベース・ボール」。どうやらこの時点でのブリティッシュ・ベースボールは、ボールゲームとしてクリケットに次ぐ存在感を有していたようである。クリケットが横綱ならば、「ベース・ボール」も大関、関脇ほどの地位にあったことになるだろう。今日の英国がベースボールなど眼中にないクリケット一辺倒の国であることを考えると、いささかの感慨を催さずにはいられない。

註

(1) Bruce C. Daniels, *Puritans at Play: Leisure and Recreation in Colonial New England*(New York: St. Martin's Press, 1995), pp. 165-66.

(2) Henderson, *op. cit.*, p.132.

(3) Martin Hoerchner, "Baseball's First Reference?" *SABRUK Examiner* 13(2003).
<http://www.sabruk.org/examiner/13/first_reference.html>

(4) Block, *op. cit.*, p. 179. なお、十一版はインディアナ大学リリー図書館、十二版は同大学ブリティッシュ図書館が所蔵している。

(5) John Newbery, *A Little Pretty Pocket-Book* (1767: Oxford University Press, 1966), pp. 52-53. これはオクスフォード大学から出版されたファクシミリ復刻版である。

(6) 平出隆氏による同じ箇所の巧みな訳があるが、『ポケットブック』の別の版に拠ったものと思われ、寓意部分の「ブリトン人」が「船乗り (Seamen)」となっている。『新版ウィリアム・ブレイクのバット』(幻戯書房、二〇一二年)、五五頁。

(7) 「グラウンドにはゼニが落ちている」、短縮して「グラゼニ」。となると、プロ野球における金銭に焦点をあてた異色の野球マンガのタイトルである (原作森高夕次、漫画アダチケイジ)。

(8) アメリカ版は現在、豆本スタイルの復刻版ペーパーバックが流布しており、容易に入手することができる。ただし、アメリカ版の「ベース・ボール」に添えられた挿絵は原著の木版画そのままではなく、別人がそれを真似て作ったものらしく、同じ構図でありながら何カ所もの異同が見られる。とくに目につくのは、左の男の右手部分がはっきりせず、ボールを握っているようには見えないことである。迂闊にアメリカ版を用いてはならないだろう。(図15参照)

(9) レイディ・ハーヴェイについては以下を参照した。Jesse, John Heneage, *From the Revolution in 1688 to the Death of George the Second,* vol.2 of *Memoirs of the Court of England* (London: Richard Bentley, 1843), pp. 383-402.

(10) *Letters of Mary Lepel, Lady Harvey* (London: John Murray, 1821), pp. 139-140.

(11) David Block, "The Story of William Bray's Diary," *Base Ball: A Journal of the Early Game* (Fall, 2007): 5-11; John Kidgell, *The Card,* Vol. 1(1755; Gale ECCO Print Editions), p. 9. ウィリアム・ブレイの日記の一七五五年の箇所はまだ活字になっていない。

(12) Thomas L. Altherr, "'A Place Leavel Enough to Play Ball': Baseball and Baseball-Type Games in the Colonial Era, Revolutionary Era, and

図 15　アメリカ版『ポケットブック』の「ベース・ボール」の挿絵

Early American Republic," *Nine: A Journal of Baseball History and Social Policy Perspectives*, 8. 2(2000): 23.

(13) David Sentence, *Cricket in America, 1700-2000* (Jefferson, NC, and London: McFarland, 2006), p. 8.

(14) Eugene Parker Chase ed., *Our Revolutionary Forefathers: The Letters of François, Marquis de Barbe-Marbois during His Residence in the United States as Secretary of the French Legation, 1779-1785* (New York: Duffield, 1929), p. 114.

(15) Altherr, *op. cit.*, p. 27.

(16) *Ibid.*, p. 22.

(17) *Ibid.*, p. 15.

(18) *Ibid.*, pp. 26-7.

(19) Vernon Birtlett, *The Past of Pastimes* (London: Chatto and Windus, 1969), p. 45.

(20) David Block, "Polish Workers Play Ball at Jamestown, Virginia: An Early Hint of Continental Europe's Influence on Baseball," *Base Ball: A Journal of the Early Game* (Spring, 2011): 5-9.

(21) William Bradford, *Of Plymouth Plantation*, ed. by Harvey Wish (New York: Capricorn Books, 1962), pp. 82-83. ただし、ニューイングランドの清教徒たちは英国の清教徒同様、ボールゲームに対してきわめて否定的な態度をとっていた。

(22) *Ibid.*, p. 19.

(23) アメリカ合衆国国務省編（斎藤眞・鳥居泰彦監訳）『アメリカ歴史統計第一巻　植民地時代～一九七〇年』

（東洋書林、一九九九年）、一〇六頁。

（24）Cassandra Cooke, *Battleridge: A Historical Tale, Volume I*(1799; Gale Ecco Print Edition), p.2.

（25）Jane Austen, *Northanger Abbey*, Vol. IX of *The Novels of Jane Austen, Winchester Edition* (Edinburgh: John Grant, 1911), p. 4.

（26）ついでながら、レイディ・ハーヴェイ、オースティンらによるブリティッシュ・ベースボールへの言及からおよそ一五〇年後、もはやベースボールの片影すら見当たらぬ英国に、烱眼にもアメリカにおけるベースボールの重要性を見抜く作家が現れる。それこそ誰あろうヴァージニア・ウルフ、またしても英国女性によるボール打撃ゲームへの言及である。Virginia Woolf, "American Fiction," *The Moments and Other Essays* (1947; San Diego, New York and London: Harcourt Brace, 1975), p. 126.

図版出典

図11　John Newbery, *A Little Pretty Pocket-Book* (1767; London: Oxford University Press, 1966), p. 53.

図12　*Ibid*., p. 90.

図13　Block, *Baseball Before We Knew It*.（ページ数なし）

図14　Newbery, *A Little Pretty Pocket-Book* (1767), p. 91.

図15　*A Little Pretty Pocket-Book* (1787; Bedford, MA：Applewood Books, 再刊行年不記載), p. 43.

第Ⅳ章　新大陸へ――ベースボール大西洋を渡る

§1　決定打がでないクリケットの起源論争

ベースボールの先輩であり、一時期のアメリカではライバルでもあったクリケットだが、クリケットの起源もまた判然としない。ヘンダスンは、スツールボールがジュ・ドゥ・ラ・クロスの影響を受けてクリケットが生まれたと考えている。ジュ・ドゥ・ラ・クロスはラ・スールの進化型だから、スツールボールとやや高度化したラ・スールが融合してできたのがクリケットだ、というわけである。(1) したがって、クリケットの語源もフランス語の criquet だとしている。ただし、ラ・スールからスツールボールへの直線的発展はヘンダスンの念頭にないようだ。

これに対し、もっぱら英国内での発展を主張するクリケット史研究家もおり、ともに十四、十五世紀の英国でよくおこなわれた cricce（杖や棒を意味する古いアングロサクソン語・古英語では crycc）及びハンディン・アンド・ハンドアウトがクリケットの祖先ではないか、と推測している。むろん彼らはラ・スールやジュ・ドゥ・ラ・クロス、スツールボールにはふれていない。cricceないしcryccが語尾変化を起こしてクリケットになったというのだ。[2]

語源については、イングランドを征服したノルマン人が使っていたフランス語でスティック（クラブ）・ゲーム（jeu de crosse もしくは pila baculorea）を意味する方言 criquet がそうであったとする説もある。それによれば、criquet なる語はスティックを意味する古フラマン語の krick にまでさかのぼるという。[3] ベースボールとは異なり、クリケットの場合は外国起源説、国産説の双方が成り立ちうるわけだ。ことほどさように、ボールゲームの起源の探求は難しい。

クリケットそのものへの言及が文献において見出されるのはいつからだろうか。『オクスフォード英語辞典』をみると、単語としての cricket は一五六七年から一七二五年にかけてかなりの用例がある。そのうち、ボールゲームの意味を持つクリケットの初出例は一五九八年となっている。[4]（ついでながら、コオロギを意味するクリケットの方がずっと早く、一三二五年ごろとされている。）語源に関しては、おそらくフランス語の criquet だろうとしており、cricce や crycc に対しては冷淡な態度をとっている。その criquet だが、一四七八年の文書では、「ボールゲームのターゲットに用いられるスティック」と説明されている。

名宰相サー・ロバート・ウォルポールの息子でゴシック・ロマンス『オトラントの城』を残しているホレース・ウォルポール（一七一七〜九七）によれば、一七二六年当時のイートン校でクリケットがさかんだったという。[5] 時代は下るが、クリケットへの並々ならぬ傾倒ぶりを示しているのはメアリ・ラッセル・ミットフォード（一七八七〜一八五五）で、代表作のスケッチ集『わたしたちの村』（一八二五年）で「田舎のクリケット試合」に一章をあて、「およそこの世でクリケットの試合ほど胸躍る楽しい光景はない」とまで書いて、「教区対抗の昔ながらのクリケットの試合」を讃えているのだ。(6)

閑話休題、オースティンの『ノーサンガー・アベイ』以後、英国ではベースボールへの言及が目立って減ってくる。言及が少なくなったということは、ゲームそのものの人気も衰退したのかもしれない。よくよく調べてみれば、一八二三年の『サフォーク語句集』に言及が見つかるのだが、『オクスフォード英語辞典』では『ノーサンガー・アベイ』の次の用例は一気に一八七〇年にまで飛んでしまう。しかも、その書き手たるや、アメリカ人の思想家ラルフ・ウォルドー・エマソンで、つまりはアメリカ英語の用例になってしまうのである。限定語としてのベースボールの項でも、やっと一八五五年のこれまたアメリカの例「アトランティック・ベース・ボール・クラブ(Atlantic Base Ball Club)」を初出として載せているだけである。

アメリカでならば一八五五年まで下らずとも、用例はもっと早い年代にいくらでもある。一八二五年のニューヨーク州ロチェスターに「メンバー五十人を数えるベース・ボール・クラブ(a base-ball club)があり、プレイに適した季節には毎日午後に集まってプレイした」と『自伝』に記しているのは、特異な政界の黒幕として知られたサーロウ・ウィードである。グラウンドはマンフォーズ・メドウと呼ばれる八〜一〇エーカー（約三万二千から四万平方メートル）の草地で、メンバーの年齢は十八歳から四〇歳まで。ウィードは上手なプレイヤー八人の名を挙げており、うち三名は医学の博士号を持っている。ほかに法律家兄弟の名もある。実名を挙げているあたり信憑性は高そうだが、この自伝の刊行は一八二五年よりぐっと下って八四年になる。はるか後年の回想というのが史料価値としてはちょっと弱いところだ(7)。

ともあれ、英国内で「ベース・ボール」の用例が容易に見つからなかったために、英国が世界に誇る最高の英語辞典『オクスフォード英語辞典』といえどもアメリカ英語に頼らざるを得なくなったとおぼしい――それも遺漏の多い形で。このように、用例の上からも「ベース・ボール」の存在感が次第に薄れていく時期に出現してくるゲームがラウンダーズである。

§2 ラウンダーズの割り込みが研究者を惑わせた

このラウンダーズというゲームが実にやっかいである。ラウンダーズが中途からボール打撃ゲーム史に割り込んできたことで、アメリカにおけるベースボールの成立を考える上で混乱がひき起こされたことは否めない。従来、ベースボール史の通説となっていたのは、「アメリカのベースボールは英国のラウンダーズがもとになって生まれた」というものだが、これは、「ベースボールの父」と讃えられるベースボール・ジャーナリストの草分け、ヘンリー・チャドウィックが一八六〇年に最初に唱えた説がもとになっている。

チャドウィックは英国に生まれ育ち、のちにアメリカに移住した経歴から、英米双方のボールゲーム事情に通じた権威とみられており、その発言には無視することのできない重みがあったのだ。チャドウィック自身、少年時代にラウンダーズをプレイした経験があるとなればなおさらである。そして、ボールゲーム研究の重鎮ヘンダスンも基本的にはチャドウィック説にしたがい、ラウンダーズからアメリカのベースボールへ、という流れを想定したのである。それによってベースボール＝ラウンダーズ起源説は決定的となった。では、ラウンダーズとはどのようなゲームだったのか。ブリティッシュ・ベースボールとどこが違うのか。

ラウンダーズが初めて文献に現れるのは「ベース・ボール」よりもはるかに遅い一八二八年のこと。「ベース・ボール」の初出と同様、やはり子どものさまざまな遊びを解説したガイドブックにおいてである。書名は『ザ・ボーイズ・オウン・ブック』。ロンドンで刊行されたもので、著者はウィリアム・クラーク。『オクスフォード英語辞典』は「ラウンダーズ」の初出例をこの書から引用している。

余談になるが、十九世紀アメリカの代表的女流作家リディア・マライア・チャイルドは一八三四年に、上記『ザ・ボーイズ・オウン・ブック』の向こうを張ったかのようなタイトルの『ザ・ガールズ・オウン・ブック』を出版している。女の子向けの遊びガイドブックである。中をのぞいてみると、運動系の遊びはあまり載っておらず、せいぜい目隠し鬼、引っ張り合い（綱引きと基本は同じだが、綱は使わずに互いに手を持って引っ張り合う）、ブランコ、縄跳び、羽根突き（バドミントン）、

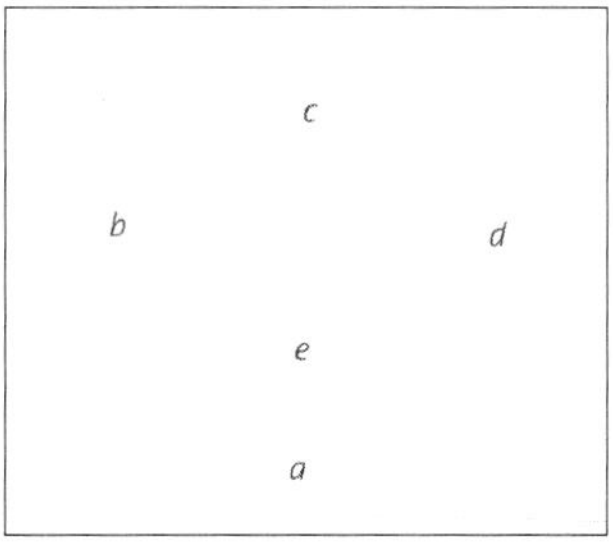

図16 『ザ・ボーイズ・オウン・ブック』中の「ラウンダーズ」の挿絵

杖を使ったエクササイズ程度しかない。[8]「ベース・ボール」をはじめとするボールゲームについての記述がないのが残念である。しばらく前の英国であれば、「ベース・ボール」やラウンダーズは女の子もプレイしていたから、当然この種のガイドブックにも載っていただろうが。

さて、この『ザ・ボーイズ・オウン・ブック』には、八四年前に上梓された『ポケットブック』と違って「ベースボール」の項目はなく、「ラウンダーズ」についての詳しい説明が載っている。

ラウンダーズ、またの名をフィーダー。英国西部で好んでプレイされているボールゲームだ、とクラークはいう。

プレイはa(ホーム)からdまでの四つの石ないし柱が、十二から二〇ヤード(約一〇・九七〜十八・二九メートル)おきに配置されたフィールド上でおこなわれる(図16参照)。

各ベースをa、b、c、dと順に結んでみると、見事にダイヤモンド型になる。文献上、はじめてダイヤモンド型のフィールドが登場したのである。石もしくは柱は、『ポケットブック』で紹介されていた「ベース・ボール」と同じく、立体的なベースである。ベース間の距離に幅を持たせているのは、子どもがプレイする場合をも想定しているせいかもしれない。投手（ペッカーないしフィーダーと呼ばれる）はダイヤモンドの中心よりかなり前のeの位置に立ち、打者に向かってそっとボールをトスする。打者がホームからおのおのの石（柱）を走ってまわり（run round）、そしてホームへと帰ってくるからラウンダーズ（rounders）というわけである。走者がホームに帰ってくることで記録される得点のことを現在のベースボールではラン（run）というが、ラウンダーズではラウンダーという。

ファウルボールを打つと即アウトとされてしまうことや、チームの全員がアウトになるまで攻守交代がおこなわれないことなど、歴然たる違いはあるものの、イニングの概念や三球空振りでアウトのルールはすでに存在しており、基本的には我々の知る今日のベースボールにかなり似ている。ただし、見過ごせない大きな相違点も二つある。ひとつは打者走者がベースボールとは逆に、図16のaからa、b、c、dと時計回りに走ること。二つ目は守備側が打者走者にボールをぶつけてもアウトにできる——プラギングもしくはソーキングという——ことである。

あまり知られていないことだが、ラウンダーズは滅び去ってはおらず、いまだにイングランドとアイルランドでプレイされている。当然のことながら、いまから一八〇年以上前にクラークの『ザ・ボーイズ・オウン・ブック』（以下、特に必要な場合を除き『ボーイズ』と略す）に記された形と比べるとかなりの変化がみとめられ、現在のベースボールに近づいていると言っていい。たとえば、現行ラウンダーズでは、打者走者の走る向きがいつの間にやらベースボール同様、反時計回りに変わっており、プラギング（ソーキング）もなくなっている。『ボーイズ』に明記されていなかった一チームの人数は、ベースボール同様九人である。ただし、投手はクリケットと同じくボウラー、打者はバッツマンと呼ぶ。

さらに細かくみると、イングランドにはNRA（ナショナル・ラウンダーズ・アソシエーション）という組織があって三年ごとにルールを見直してきており、現在では一イニング九アウトの二イニングズ制をとる。三振はない。ベースとは言わずポストと呼び、第四ポストがホームに相当する。バットは短く、片手で持つのがふつうである。

いっぽう、アイルランドにもRAI（ラウンダーズ・アソシエーション・オブ・アイルランド）という組織があり、独自のルール（GAAルール）を持っている。それによれば、ソフトボールとよく似ており、一イニング三アウトの五イニングズ（選手権など大きな試合は七イニングズ）制となっている。バット、ボール、グラウンドのサイズはほぼベースボール並みながら、グラブだけはベースボール用のものは使用が禁止されている。ファウルもストライクとカウントし、三振もあるが、打者はフォアボールならぬスリーボールで一塁に歩ける。(9) いずれにしても、現代のラウンダーズは現行ベースボールにかなり近づいている。

『ボーイズ』の記述に戻ると、ラウンダーズにはポスト、ホーム、ベースランニングの要素が揃っており、ブリティッシュ・ベースボールとの類似性は明らかであろう。一七四四年のブリティッシュ・ベースボールと一八二八年のラウンダーズとの間に横たわる八十四年間にいったい何が起こったのか。

その空白を埋めるには、あのグーツムーツによるルール説明（一七九六年：第Ⅱ章参照）が手がかりになるだろう。ダイヤモンド型のフィールドの形については、グーツムーツにも記載がない。とはいえ、フィールドの形は一七九六年以降に定まって、それをラウンダーズが踏襲したのかもしれず、必ずしもラウンダーズの独創とばかりは言い切れない。もうひとつのトス投法にしても、グーツムーツは「山なりにボールを投げる」と記しており、曖昧さは残るものの、オーバーハンドからの全力投球よりもアンダーハンドからのトスを思わせる。古い時代のクリケットは投手がボールをボウリング（bowling）のように転がしていた。そのなごりで投手のことをボウラー（bowler）と呼ぶが、トス投法はもしかすると初期クリケットの影響であろうか。こう見てくると、トス投法もラウンダーズ独自のものと言うより、ブリテッィシュ・ベースボール（もしくは初期クリケット）由来と考えられる。ベースランニングの時計回りと反時計回りは動かしようのない相違点である。

チャドウィックが提唱しヘンダスンが支持する「ラウンダーズ→アメリカン・ベースボール」説に対し、異を唱えるのはデイヴィッド・ブロックである。ブロックは、本論でもこれまで何度か引用したその著書『知られざるベースボール――ゲームのルーツを求めて』（二〇〇五年）で、ラウンダーズをブリティッシュ・ベースボールから先に枝分かれした傍流と位置づけ、ラウンダーズからではなく、ブリティッシュ・ベースボールから直接アメリカン・ベースボールが生まれた、と考える[10]。ブロックの説は一七九一年ピッツフィールドの〝ベースボール禁止令〟文書が発見される前に出ているから、発見後の現在ではますます説得力が増している。史料を突き合わせて検討すると、筆者も基本的にはブロックの考えに与《くみ》したくなってくる。

結局のところ、ラウンダーズがベースボールと別のカテゴリーに属する打撃ゲームとはどうしても思えないのである。元祖ブリティッシュ・ベースボールの発展型ないし変種、と見るのが妥当なところではあるまいか。ラウンダーズがアメリカのベースボールに先行することを証拠立てる文献はまだないのだから、アメリカン・ベースボールはラウンダーズからではなく、ブリティッシュ・ベースボールから生まれたとするのが自然なとらえ方だろう。

にもかかわらず、チャドウィック以来、ラウンダーズは奇妙にも過大な評価をされつづけてきた。ラウンダーズをめぐる誤った解釈が生じたのはどうしてなのか。おそらくは次のような事情によるものと推測される。

クラークの『ボーイズ』刊行から五年後の一八三四年、すなわちチャイルドの『ザ・ガールズ・オウン・ブック』出版と同じ年、アメリカ人のロビン・カーヴァーによって、『ザ・ブック・オブ・スポーツ』がボストンで出版された。これは『ボーイズ』のアメリカ流焼き直しというべきもので、げんに著者自身が序文で、内容は『ボーイズ』に多くを負っており、価格の高すぎる同書の廉価版をめざしたのである、と率直に認めている。したがって、ベースの配置図を含めて記述内容はほとんど同じ。一見すると、たいして深い考えもなしに『ボーイズ』の説明を書き写しただけのように思える。

ところが、カーヴァーも独自性を主張していないわけではない。項目名を『ボーイズ』にあった「ラウンダーズ」ではなく、「ベース、もしくはゴール・ボール」としているからだ。カーヴァーによれば、アメリカではこのボールゲームはラウンド・ボールとも呼ばれることもあるが、ベース及びゴール・ボールの方が一般的なのだという。ラウンド・ボールは、同じ"round"を使っているところからみてラウンダーズのアメリカ版と考えられる。ラウンダーズという名称はアメリカでは用いられていないようだ。カーヴァーがせっかくアメリカ国内での名称を持ち出すのであれば、それに合わせてゲームの説明も『ボーイズ』からの引き写しではなく、当時のアメリカでの実情にもとづいて書いてほしかったと思うのだが、それをいまさら言ってみてもはじまらない。

この『ザ・ブック・オブ・スポーツ』には、ボストンで出版された書物にふさわしく、ボストン・コモンでプレイに興ずる少年たちを描いた挿絵（図17）がついている。一六三〇年代にまでさかのぼる数奇な歴史に彩られ、市民にとって特別な意味を持つボストン・コモンはボストンの聖なるアイコンであり、「アメリカにとって最も忘れがたい場所のひとつであり続けてきた」[11]。それゆえこの絵は、たとえもともとは英国原産ではあっても、「ベース、もしくはゴール・ボール」はもはや借り物ではない、アメリカの子供たちがプレイする、いまやりっぱにアメリカに根づいたスポーツである、とさりげなく主張しているかのようである。

この『ザ・ブック・オブ・スポーツ』刊行の翌年一八三五年には、少年向けのスポーツ・ガイドブックである『ザ・ボーイズ・ブック・オブ・スポーツ』がコネチカット州ニュー・ヘイヴンで

図17　ボストン・コモンでプレイに興ずる少年たち。『ザ・ブック・オブ・スポーツ』より。

出版される。著者名は記載がない。タイトルからしていかにも紛らわしく、『ザ・ボーイズ・オウン・ブック』と『ザ・ブック・オブ・スポーツ』を足して二で割ったような感じだが、ゲームの記述は『ザ・ブック・オブ・スポーツ』の方にもとづいている。すなわち、ベースランニングの方向は反時計回り、さらにフィールドはダイヤモンド型、イニング制も用いられているからである。ただし、ゲーム名は『ボーイズ』と同じく「ベース・ボール」としている。

三冊のガイドブックを通じて、「ラウンダーズ」から「ベースもしくはゴール・ボール」そして「ベース・ボール」へと推移していった呼称変更、これこそが後世の研究者を惑わす原因になったのではなかろうか。まず、『ボーイズ』にあった「ラウンダーズ」をカーヴァーが「ベースもしくはゴール・ボール」に変え、次に『ザ・ボーイズ・ブック・オブ・スポーツ』がそれを「ベース・ボール」と呼んだがために、あたかもラウンダーズを改良してできたのがアメリカン・ベースボールであるかのような錯覚を招いてしまったとしても不思議ではない。事実、ヘンダスン御大は上記三種のガイドブックの年代を追った変容に影響されたものとみえ、「ラウンダーズ→ベースまたはゴール・ボール→ベース・ボール」という歴史的な流れを想定したのである。

しかし、すでに見てきたように、ベースボールへの言及は一七四四年にはじまっており、ドイツ語に入った"(das englische) Base Ball"まで含めると十八世紀だけで六つの例がある。一七九六年以前のドイツにまで知られていた英国のボールゲームの名はあくまでも「ベース・ボール」であって、ラウンダーズではない。加えて、ラウンダーズへの言及は一八二八年までひとつも見つかっていないのである。

アメリカでのラウンダーズの使用例となると、チャドウィックがベースボールの直接の先祖として引き合いに出すまでは存在しない。字面からするとラウンダーズのアメリカでの別称の可能性があるラウンド・ボールにしても、一八三四年の『ザ・ブック・オブ・スポーツ』が初出であって、浩瀚な『アメリカ方言辞典』が載せている最も古い用例も一八四一年のものにすぎない。かろうじてヘンダスンが挙げるのはマサチューセッツ州アプトンのさる名士の証言である。それによれば、その名士の父親が一八二〇年にラウンド・ボールをプレイしたというのだが、裏付けを欠いた伝聞だけでは、判断のしようがない。

ラウンド・ボールは一時的に、しかもごく局地的におこなわれたにすぎず、主流とはなり得なかったとみるほかはない。明らかにラウンダーズより先にブリティッシュ・ベースボールがアメリカに入り、「ベース・ボール」として明確に認識された上で実際にプレイもされた、という事実は動かしようがないのである。

もしも英国においてラウンダーズの方がベースボールよりも古く成立していたならば、それだけアメリカに伝わるのも早く、ベースボールでなくラウンダーズという呼び名の方が一般的になっていただろう。そうはならなかったのは、やはりベースボールが先に成立し、先にアメリカにもたらされ、なおかつ定着していたからだ、と考えるべきではないか。後述するように、一八四五年にはベースボールの進路を大きく変える革新的なクラブが結成されるのだが、その名もニッカボッカー・ベース・ボール・クラブであって、ニッカボッカー・ラウンダーズ・クラブではなかった。それ以前もその後も、ラウンダーズ・クラブもしくはラウンド・ボール・クラブと命名された団体はひとつもない。一般に、このボールゲームがラウンダーズではなく「ベース・ボール」と認識されていた何よりの証拠ではないか。

ラウンダーズはベースボールと別種のゲームではなく、ブリティッシュ・ベースボールのローカル・バージョンとして英国西部のどこかで誕生し、その後、他の地方にも本家本元のブリティッシュ・ベースボールを圧倒する勢いで広まっていった、とみるのが妥当なところだろう。チャドウィック説は英国にはベースボールが存在せず、ラウンダーズしかなかった、との前提に立っている。そのチャドウィックは一八二四年に英国デヴォンシャ（デヴォン州）の州都エクセターで生まれている（その五十年ほど前に、エクセターから一〇マイル弱離れたオタリー・セントメアリーで生まれたのがロマン派の詩人、批評家として高名なサミュエル・タイラー・コウルリッジである）。デヴォンシャは英国南西部の州で、もっと大まかに言えば、ラウンダーズが好んでプレイされていた西部に位置する。英国のボールゲーム事情に通じているとみられていたチャドウィックだが、十三歳になる直前にニューヨークのブルックリンに渡っているから、実は英国での知見はごく限られたものにすぎなかった。(12) ローカル・ゲームのラウンダーズしか知らなかったとしても無理はなかろう。

他方、ヘンダスンはブリティッシュ・ベースボールの存在を熟知していながら、チャドウィック説とラウンダーズ出現以降の史料とに眩惑され、結果的にチャドウィックに追随することになったのだろう。チャドウィック、ヘンダスンともに、ラウンダーズを過大にとらえすぎたがゆえに、「ベース・ボール」が「ベース・ボール」として――決してラウンダーズとしてではなく――英国からアメリカに伝わったという、しごく当たり前の経緯を見誤ったのだと思われる。

§3　本家で衰え、分家で栄える

してみると、考えられる伝播のプロセスはこうである。十八世紀半ばから末まで、レイディ・ハーヴェイ、カサンドラ・クック、ジェイン・オースティンの時代にはベースボール（厳密にいえば「ベース・ボール」と呼ばれていたゲームが、英国国内で次第に人気を失って、ついには英国にベースボールが存在したことすらほとんど忘れ去られる。それに対し、ベースボールから派生した後発のローカル・ゲーム、ラウンダーズの方が台頭し、名称としてベースボールにとって代わった。たとえて言えば、ブリティッシュ・ベースボールを親とするなら、アメリカン・ベースボールは子であり、ラウンダーズはその兄か姉であって親ではない。血のつながったきょうだいなのだから共通点が多いのは当たり前である。

十九世紀に入ってしばらくすると、本家の英国では親のブリテッィシュ・ベースボールはすでに半死半生の体で、年長の子であるラウンダーズが跡を継ぐ。結果として、バットとボールを使う、クリケットに似たところのあるゲームは、英国では一般にはラウンダーズとして認識されるようになり、ベースボールの名は忘却の淵に沈む。いっぽう、ベースボールという親の名を襲名したのは、他家（アメリカ）へ養子に出された弟（妹）の方だった。その後のアメリカン・ベースボールの発展ぶりは周知のとおり。本家が衰微して分家が栄えに栄え、現在ではむしろ分家の方が本家のような顔をしている、といったようなものではなかろうか。もとはと言えば、アメリカ合衆国という国自体、英国の分家なのである。

したがって、ベースボール史の従来の通説は「アメリカのベースボールは英国のベースボールがもとになって生まれた」と書き換えなくてはならない。サッカーの母国と言われるイングランドは、ベースボールの母国でもあったわけだ。ブリティッシュ・ベースボールがアメリカに入って進化をとげ、普遍性を持ったアメリカン・ベースボールが生まれ、やがて隆盛をみるに至った、ということなのである。親子関係とは別のたとえを用いるなら、英国の土壌と合わずに枯れかけていた樹木の苗木をアメリカに移植したところ、みごとに大輪の花が咲いた、というところかもしれない。アメリカン・ベースボールとは、ブリティッシュ・ベースボールのルネサンス（再生、復興）なのだ。

そういえば、アメリカ人が英国のラグビーフットボールを改良して、前方にもパスすることが可能なアメリカン・フットボール（アメラグ）を考案したり、オーストラリア人が独特のオーストラリアン・フットボールを開発したりと、ボールゲームに関しては似たようなことがおこなわれている。格闘技でも、前田光世がブラジルに伝えた日本の古流柔術から、グレイシー柔術が生まれているではないか

では、ベースボールが発祥の地英国で見るかげもなくすたれてしまい、渡来先のアメリカで爆発的に発展したのはなぜなのだろう。

§4　クリケットは大人向け、ベースボールは子供向け

階級社会の英国ではスポーツが特定の階級と結びつきやすい。大人と子どもが厳然と区別された社会でもある。子どもが——場合によっては女性も——楽しむゲーム、つまりは子ども文化に属する遊びと見なされてしまったことが、ブリティッシュ・ベースボールにとって大いなる不幸だったのではなかろうか。「ベースボール（ベース・ボール）」という語の初期の用例をみても、『バ

トルリッジ』を除いてプレイの主体は、成人男性ではなく子どもである。レイディ・ハーヴェイが報告する皇太子一家にしても、子どもへのサービスという面が強く、大人のスポーツとはいえない。「学校に通う男の子なら誰でも知っている遊び」という一節は、大人になれば〝卒業〟してしまうことを暗にほのめかしているように思える。

他方、クリケットはどうだろうか。クリケットも子ども向けの『ポケットブック』で簡略化された図とともに紹介されている（図18）。クリケットと「ベース・ボール」は同じボール打撃ゲームとして一時期はそれぞれ一番手、二番手の扱いをされていたが、時のたつうちに、クリケットは大人向け、「ベース・ボール」は子ども向けと、次第に分化していき、プレイする層がそれぞれに固定してしまったのではないか、と考えられる。奇しくも『ポケットブック』が刊行された年一七四四年には、ロンドン・クリケット・クラブが史上最初の公式クリケット・ルールを制定している。クリケットがゲームの体系化、成熟化へと大きく一歩を踏み出したのだ。

だが、「ベース・ボール」にはそうした動きが見られず、原始的な形態のままで、子ども遊びという狭い領域へと押し込められていったのではなかろうか。いったん「たかが（女）子どもの慰みごと」「児戯」にすぎないとの烙印を捺されてしまうと、もう大人には見向きもされない。英国人にしてみれば、〝子供の遊びのなれの果て（？）〟でしかないアメリカン・ベースボールなど、誰がまともに相手にするだろうか。後年の——そして現在に至るまでの——本家英国でのアメリカン・ベースボールに対する冷淡さ、無関心は、そうした意識から説明できるかもしれない。

図18　子ども向けの『ポケットブック』に紹介されたクリケット

因果はめぐるというべきか、ベースボールがオリンピックの正式競技から外れたのは、こともあろうに発祥の地、英国の首都ロンドンで開催された二〇一二年大会からである。ベースボールとは何の関係もないアテネですらプレイされていたにもかかわらず、である。長い歳月をへだてて、いわば原郷に錦を飾ろうとした子に、親は無情にも門前払いを喰わせたのだ。深読みにすぎるかもしれないが、そこに英国の根深いベースボール忌避感情をみとめずにはいられない。

§5　アメリカでの覇権交代――クリケットからベースボールへ

ひるがえってアメリカではどうだったか。前章で軍人や大学生が楽しんでいる例をいくつも見た通り、英国との違いは歴然としている。ベースボールは決して子どものためだけのゲームではなかった。それどころか、現存する史料をチェックした限りでは、むしろ成人男性の方が熱中していたように見受けられる。

しかしながら、歴史的にみれば、まずアメリカ人の心をとらえたボールゲームは、ベースボールではなく、クリケットの方だった。一八二〇年代から三〇年代にかけて、アメリカ国内で最も人気のあるボールゲームはクリケットだったのである。アメリカ人には独立後も英国志向が相変わらず強かったから、それはごく自然なことだった。クリケットの優位がそのまま続いて、ついには〝国民的気晴らし（national pastime）〟に昇格するということも、可能性としてはあり得たのである。クリケットからベースボールへの覇権交代がいつ起こったのか、特定するのは難しいが、五〇年代後半か遅くとも六〇年代前半と考えるのが妥当なところだろう[13]。以後、趨勢はベースボールへベースボールへと傾き、その勢いは止まらなかった。なぜクリケットは結局アメリカに根づかず、人気が衰えてベースボールに取って代わられてしまったのだろうか。

ひとつの要因として、十九世紀中葉以降のアメリカ社会の大衆化にともなう競技人口の増加が挙げられる。同時期の健康志向、身体運動奨励の風潮もそれを加速させたのである。クリケットが優位を誇っていたのは、あくまでも競技者の絶対数がごく限られていた時代だった。もともとクリケットは英国からの移民によって広まり、英国系を中心にプレイされていた。それゆえ、排他的とまでは言えぬものの、英国系以外のアメリカ人が新規に参入するには敷居が高かった。全米一クリケットがさかんだったフィラデルフィアでは、プレイするのが上流層に限定される傾向があったという[14]。つまり、クリケット支持者みずからが、潜在的競技者人口の激増にもかかわらず、広汎な層がクリケットにふれることのできる機会を閉ざすことで、普及（勢力拡大）の可能性を狭めてしまったのだ。

だが、先細りの原因はそれだけではない。一八四〇年代の半ばにニューヨークで新しいスタイルの「ベース・ボール」が編み出されるのだが、十九世紀に移民の一大勢力を形成していたアイルランド系が、クリケットを差し置いて、この「ベース・ボール」に熱中したことも大きかったろう。アイルランド系が「ベース・ボール」へと流れたのは、クリケットが英国によるアイルランド圧政の不快な歴史を想起させるからだという説[15]にはそれなりに説得力がある。加えて、旧態依然として試合時間の長いクリケットに対し、ニューヨーク・スタイルの「ベース・ボール」が、度重なるルール改正によってゲームのスピードアップを推進していったことも、クリケット離れの傾向に拍車をかけた一因といえる。

また、次のような事実も看過するわけにはいかない。英国系の移民二世たちも親に影響されてクリケットを始めるのだが、クリケット・プレイヤーたちがクリケットだけでは飽きたらず、ニューヨーク・スタイルの「ベース・ボール」にも興味を示してプレイするようになるのだ。クリケット・クラブをお手本に結成されたベース・ボール・クラブと「ベース・ボール」の試合をする機会も増えてくる。やがて、きっぱりクリケットと決別して、本格的に「ベース・ボール」に転向する者すら現れるに至る。プロ化したてのベースボール界に多大な功績を残し、〝プロフェショナル・

ベースボールの父〟と称されるハリー・ライトもそういった一人である。ライトは父がプロのクリケット選手で、シェフィールド生まれながら、自身は一歳の時にアメリカに渡ってきた。ほとんど英国移民二世といってよい。

転向者たちにいかなる心境の変化があったのか、想像をめぐらすよりほかはないが、おそらく、故国英国で支持され親の世代が興じたクリケットに対し、「これは自分たちのゲームではない」という違和感を拭えなかったのではないか。反面、ベースボールに対しては、「これこそ自分たちのゲームだ」と直感したのではなかろうか。それを地霊《ゲニウスロキ》のなせるわざだと言えば失笑を招くだけだろうか。

だが、どこにルーツがあろうと、アメリカで生きていけばアメリカ人になり、クリケットではなくベースボールに親しむようになるのだ。過去に本国と植民地の紐帯があったにしても、所詮、英国とアメリカは別の国である。アメリカがいつまでもミニ英国であり続けるはずもなかった。すべからく英国に倣い、英国流をよしとする層が稀少な存在になっていくのは、時の流れのなせるわざである。諸事万般にわたって英国をモデルにすること、英国風に生活することがトレンディである時代は去った。そういった〝親離れ〟現象が、ボールゲームの選択にも反映したのだ。親子二代にわたる英国系クリケット・プレイヤーでさえベース・ボールに鞍替えするほどだから、クリケットに特別な思い入れなど持たぬ英国系以外のアメリカ人の場合は推して知るべし、であろう。かくして、アメリカ国内でクリケットは衰退への道をたどるしかなかった。

むろんさまざまな要因が複雑に絡み合ってのことではあるが、理屈では説明のつかない、各国民に固有の嗜好とか、個々のスポーツとの相性というものがあることを認めないわけにはいかない。嗜好や相性といっても、故国にとどまっておればベースボールとは無縁の生活を送っていたはずのヨーロッパ大陸出身者が、アメリカではベースボールをプレイするようになり、英国にいたならば夢想だにしなかったであろう、クリケットからベースボールへの転向を決意するのだから、遺伝より環境によるところが大であろうが。

たとえば、地球上の圧倒的多数の国々が第一に力を入れるべきボールゲームとしてサッカーを選んだのに対し、日本人はためらわずにベースボール（野球）信者――もしくはベースボール（野球）病患者――となり、サッカーが伝来してからも、その宗旨を替えることはなかった。つねに世界の潮流に乗り遅れまいとする大勢順応型の国柄にしては実に珍しいことに、世界で主流となっているサッカーに対しては冷めており、ほとんどベースボール一筋に歩んできたのである。Jリーグの発足以降、W杯開催やプレイヤーの欧州ビッグクラブへの移籍などの影響により、特に若年層の人気面でサッカーの猛追に脅かされているとはいえ、現在にいたるまでにベースボールをめぐって消費されてきたエネルギーと情熱の総量は、サッカーのそれをはるかに上回る。アメリカはどうかといえば、どうしてもクリケットとサッカーに――そしてラグビーにも――のめり込めなかったし、他方、英国は英国で、ベースボール熱に浮かされることは決してなかった。(16)

それにしても、世界的にみれば、クリケットもベースボールもマイナー・スポーツ、少数派ボールゲームにすぎない。にもかかわらず、英国はいわばクリケット原理主義に、アメリカはベースボール絶対主義に、おのおのこり固まって決して交わることはない。英国とアメリカ、かつての本国と植民地、前・覇権国家と現・覇権国家が共有する、呆れるまでに依怙地なマイナー・スポーツ信奉はいったいどこからくるのか。これもまた容易には解き難い謎だというほかはない。

註

（1）Henderson, *Bat, Ball, and Bishop*, p. 131.

（2）Mary Russell Mitford, *Our Village: Sketches of Rural Character and Scenery* (London: Geo B. Whittaker, 1825), pp. 146-163. 同書には、「クリケット・プレイヤーと田舎の若者たちは風景の中できわめて重要だから、たんなる点景として扱うわけにはいかないのだ」との一節もある（一六ページ）。

（3）Derek Birley, *A Social History of English Cricket* (London: Aurum Press, 1999) p. 3.

（4）近年、一五三三年に書かれた詩に"clickettes"並びに"crekettes"なる語が発見されている。Protoball Chronologies の項目一五三三・一参照。

（5）Birley, *op.cit.*, p. 15.

（6）Mary Russell Mitford, *Our Village: Sketches of Rural Character and Scenery* (London: Geo B. Whittaker, 1825), pp. 146-163.

（7）Thurlow Weed, *Autobiography of Thurlow Weed* (New York: Houghton Mifflin, 1884), pp. 202-203. 著名な

ジャーナリストのホレース・グリーリーも、一八六九年刊行の自伝中、ヴァーモント州で過ごした一八二〇年代の少年時代をふり返り、当時よくおこなわれていた娯楽の「ボール」についてふれている。Horace Greeley, *Recollections of a Busy Life* (Boston: H. A. Brown, & Co., 1868), p. 117.

（8）L. Maria Child, *The Girl's Own Book* (New York: Clark Austin & Co., 1834).

（9）現在のラウンダーズについては、ＮＲＡのホームページを参照。

（10）Block, *Baseball Before We Knew It*, p. 141.

（11）David Hackett Fischer, "Boston Common," *American Places: Encounters with History*, ed. by William Leuchtenburg (New York: Oxford University Press, 2000), p. 125.　市民たちのボストン・コモンに寄せる愛情は、レッドソックスとそのホーム、フェンウェイ・パークへの偏愛につながるのだろう。John Demos, "A Fan's Homage to Fenway (Or, Why We Love It When They Always Break Our Heart)," *American Places*, pp. 105-113.

（12）チャドウィックに関する伝記的事実は以下による。John A. Garraty and Mark C. Carnes, eds., *American National Biography* (New York: Oxford University Press, 1999). pp, 614-616; Fredercick Ivor-Campbell, "Henry Chadwick (Chad, Father of Base Ball)," *Baseball's First Stars* (Cleveland: The Society for American Baseball Research, 1996), pp. 26-27.

（13）イアン・ティレルは、一八六一年までにはベースボールがクリケットに取って代わったように思える、と述べている。Ian Tyrrell, "The Emergence of Modern American Baseballe. 1850-80," *Sport in History:*

The Making of Modern Sporting History (St. Lucia: University of Queensland Press, 1979), eds. by Richard Cashman and Michael McKernan, p. 225. 覇権交代について詳しくは、アメリカン・ベースボールの発展を扱う第Ⅵ章に譲ることにしたい。

（14）*Ibid.*, pp. 209-213.

（15）David Quentin Voigt, "Cash and Glory: The Commercialization of Major League Baseabll as a Sports Specutacular, 1885-1892," (DSS thesis, Syracuse University, 1962), p. 202.

（16）ついでながら、日本は明治以来英国と関わりが深いため、英国文化に長らく親しんでおり、英国贔屓も少なからず存在する。にもかかわらず、ラグビーにはそれなりに熱を入れてきたものの、クリケットの方はいまだにプレイしていないのみか、ルールや歴史に関する知識すら皆無にひとしい。これもまた異文化受容のあり方をめぐる興味深い問題であろう。

図版出典

図16　Block, *Baseball Before We Knew It*, p. 280.

図17　Mark Alvarez, *The Old Ball Game* (New Berlin, Wisconsin: Redifintion, 1990), p. 10.

図18　*A Little Pretty Pocketbook*, p. 87.

第V章　On Native Grounds――ニューヨーク・ベースボール革命

§1　「旧ベースボール」の戦国乱世時代

アメリカの批評家アルフレッド・ケイジンは、名著『故郷の土地の上で（*On Native Grounds*）』において、植民地文学の名残をもはやどこにもとどめない、アメリカの地に根づいた紛うかたなき〝アメリカ現代文学〟――と言ってもケイジンが扱っているのは散文だけだが――の生成と発展を跡づけている。おそらくそのタイトルには、英国文学の亜流とは異なる、アメリカに固有の現代文学が生まれるだけの、土着ならではの理由、根拠（native grounds）があった、という意味もこめられているのだろう。ケイジンのひそみにならってここでは、ブリティッシュ・ベースボールとは一線を画すアメリカ特有のベースボールがいかにして誕生し、アメリカの地に根づいていったのかをたどってみることにしよう。

英国からの移民によってアメリカにもたらされたであろう「ベース・ボール」（むろんブリティッシュ・ベースボール）は、けっして英国時代そのままの形態でありつづけたわけではない。そもそも、英国内においてもすでに時代ごと、地域ごとに多少のルールの異同がみられたにちがいない。当の移民が英国のどの地域の出身であるかによって、またどの時期に新大陸に渡ったかによって、アメリカに持ち込まれるゲームの遊び方もルールも少しずつちがってくるはずだ。したがって、同じアメリカの「ベース・ボール」ではあっても、当初から異なるバージョンがいくつも存在していただろう。ましてや、遊び方やルールが成文化されていなければ、口頭での伝達にはどうしても曖昧さ、不正確さがつきまとう。いくつもの異なったバージョンがさらにアメリカ流にアレンジされることによって、各地にさまざまなタイプ（ルール）の「ベース・ボール」が乱立することになったとしても驚くにはあたるまい。名称も素直に「ベース・ボール」とは呼ばずに別の名をつけるケースが多々出てくる。そういった混乱状態は一八四五年にひとつの転換点を迎え、アメリカン・ベースボールはルールの上でも名称の上でも統一の方向へと向かっていくことになる。統一以前に存在していたさまざまな「ベース・ボール」を総称して、ここではかりに「旧ベースボール」と呼んでおこう。

旧ベースボールは、ペンシルヴェニア州及びオハイオ川流域ではタウン・ボールと呼ばれていた。タウン・ミーティング（有権者による財政会議のこと、町民会）がおこなわれる場所でプレイされたためその名がついた、とされるが、どうやらこれは後付けの説明にすぎぬようだ。タウン・ボールは十九世紀初頭にはすでに成立していたと考えられ、フィラデルフィアがひとつの中心地だった。一八三三年にはそのフィラデルフィアでオリンピック・タウン・ボール・クラブ・オブ・フィラデルフィアなるクラブが結成され、八〇年代まで存続したという記録がある。

フィラデルフィアのタウン・ボールは独特で、フィールドは直径三〇フィート（約九・一四メートル）の円周上に五本の杭がベースとして立てられている。ホームと四つの塁が円を描いているのだ。塁間は約十九フィート（約五・八メートル）しかなく、記録に残るベースボール類似のゲームのなかで最小のフィールドと考えられる。大きな特徴は、打者走者が途中の塁で止まることを許されず、ベースを一周せねばならないことである。当然、走塁中に守備側からボールをぶつけられればアウトになる。

ニューイングランド地方での名称はマサチューセッツ・ゲーム（もしくはニューイングランド・ゲーム、ボストン・ゲーム）だった。ただし、「ベース・ボール」であるとの暗黙の前提はあり、そのマサチューセッツ版（ニューイングランド版、ボストン版）という意味でそれらの名が冠せられたのだと思われる。その証拠に、マサチューセッツ州内の一〇のクラブが集まって結成した団体の名はマサチューセッツ・アソシエーション・オブ・ベース・ボール・プレイヤーズだった。分類学を応用するなら、ベース・ボール目《もく》マサチューセッツ・ゲーム科というところだろうか。このゲームはニューイングランドを中心にかなりの勢力を誇っていた。ベースボール史上初の大学対抗戦であるアマスト・カレッジ対ウィリアムズ・カレッジ（両校ともマサチューセッツ州）の一戦は、マサチューセッツ・ゲームのルールで一八五九年七月におこなわれている。

マサチューセッツ・ゲームのルールが成文化されたのは、ようやく一八五八年になってからである。新しいスタイルのベースボールに押されて、ニューイングランド伝統のスタイルが気息奄々の状態になりかけていた時期にあたる。マサチューセッツ州のデダムというボストンの南西にある歴史の古い町（この町はいまだにタウン・ミーティングによって町政を運営している）で、前述のマサチューセッツ・アソシエーション・オブ・ベース・ボール・プレイヤーズの大会が開かれ、そこではじめてルールを文章化したのである。したがって、それ以前のゲームの形態となると、五八年のルールから類推するしかないのだが、根本的な変化はないものと考えて復元してみることにしよう。

図19からわかるように、フィールドはダイヤモンド型でも円形でもなく、正方形である。ベース（またはバウンド）はフィラデルフィア・タウン・ボールと同様、地面から突き出た杭である。その長さは四フィート、ベース間の距離はおのおの六〇フィート――現行ベースボールの公式ルールでは九〇フィート――投手－打者間は三五フィートである。六〇フィートといえば現在の投手－打者間（六〇フィート六インチ）にほぼ等しい。ボールも重さは二から二と四分の三オンス、周囲は六と二分の一から八と二分の一インチと、小さくて軽い。ちなみに現行公式ルールでは、重さ五以上五と四分の一オンス以下、周囲九以上九と四分の一インチ以下、と定められている。［1フィート＝12インチ＝30・48センチ。1オンス＝28・35グラム］

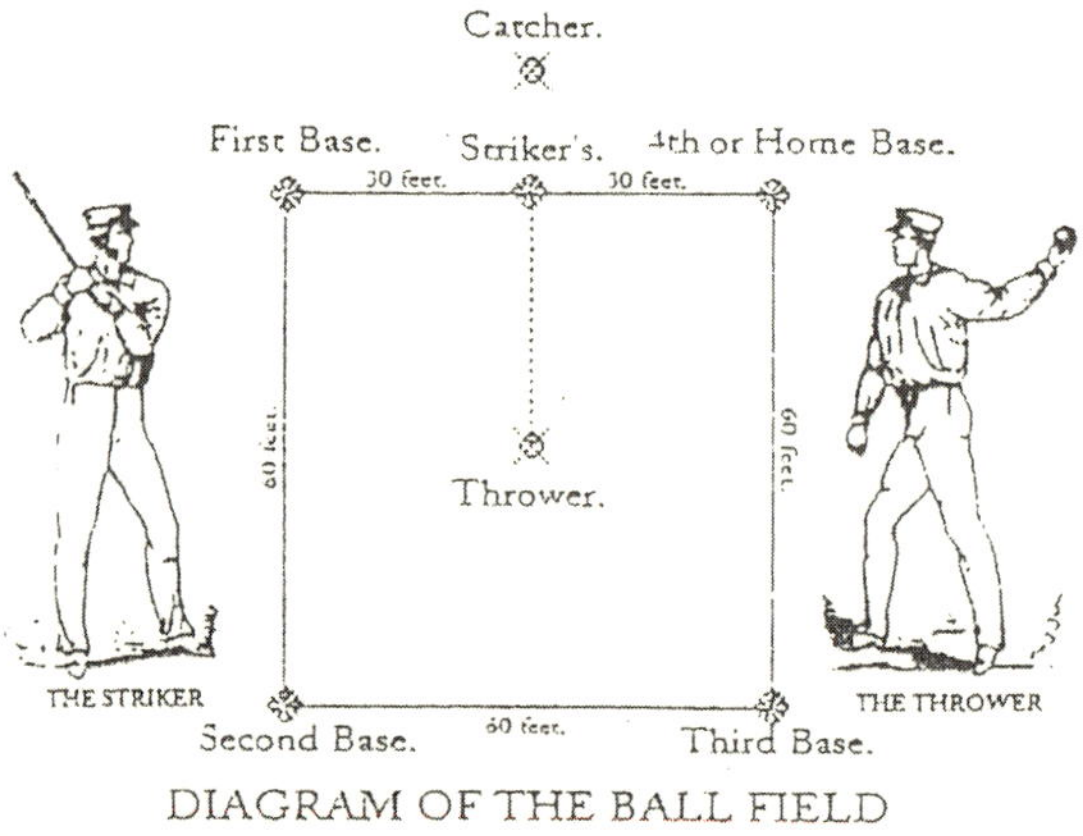

図 19　マサチューセッツ・ボールのフィールド見取り図

タウン・ボール

ニューヨーク・ゲームが生まれる1845年以前からアメリカにあった旧タイプの「ベース・ボール」の呼称のひとつ。ペンシルヴェニア州及びオハイオ川流域でおこなわれ、フィラデルフィアがその中心だった。マサチューセッツ・ゲーム（別名ニューイングランド・ゲーム、ボストン・ゲーム）も同種のゲームである。

この図にある通り、投手はスロウアー（thrower）、打者はストライカー（striker）と呼ばれている。スロウアーにはアンダーハンドからのトスは許されず、必ずオーバーハンドで投げなくてはならない。捕手はキャッチャーだが、野手はベース・テンダー、審判はレフェリーという。人数は一チーム一〇人から十四人までとされている。

ストライカーは第1ベースと第4ベースの中間にある直径四フィートの円内に立つ。ベースランニングの方向は反時計回り。第1ベースから2、3と順にまわって第4に到達したら1タリー（得点）が記録される。野手が打球をノーバウンドで捕球するか、ベースから離れている走者にボールをぶつければアウト、つまり、プラギングのルールが生きているのである。三振もある。ワン・アウトで攻守交代、イニング数は関係なく先に100タリーを上げたチームが勝者となる。

細かいところでは、レフェリーによるストライクのコールと見逃し三振が存在することが目をひく。「いいボール（good balls）」、すなわち打ちやすいボールに対してバットを振らないということが度重なり、それがゲームの進行を遅らせる目的によるもの、もしくは自軍に有利にことを運ぼうという目的によるものと判断されれば、レフェリーは警告を発したのち、ストライクをコールする。空振りがなくてもストライクが三度コールされれば三振アウトである。ルールにはストライク・ゾーンの規定はまだないが、このあたりなら当然打てるという範囲は誰が見ても明らかだったのだろう。

ブリティッシュ・ベースボールそのままのコピーではなく、あえて背を向けるかのように独自性を打ち出しているのが目をひく。名は伝わっていないが、革新者、改革者がいたはずである。ルールはかなり整っているから、考えようによってはタウン・ボールを現行ベースボールの直接の祖としてもよいくらいだ。しかし、フィールドの形と大きさ、ワン・アウト交代制、100点先取制、プラギング（ソーキング）の存在がネックになる。それに何といっても、現行ベースボールに直接つながらずに衰微して滅び去ってしまったのが印象を弱くしている。

旧ベースボールはアメリカ各地でさかんにプレイされるようになったが、マスメディアのない時代だけに、どうしてもルールが地方ごとにまちまちという乱立状態を招いてしまう。プレイヤーの気まぐれに左右されることもあったろう。かといって、ルールをわざわざ明文化しようという動きも起こらなかった。いうなればルールの戦国乱世。ということは、違う地域のチーム同士ではゲームができない、少なくとも事前に十分な調整、打ち合わせが必要となる。両チームの折り合いがつかないうちにゲームをはじめれば、ルール問題でもめて紛糾するのは目に見えているからだ。格闘技でも、ボクシング・ルールか、K-1ルールか、UFCルールか、プロレス・ルールか、はたまた異なるジャンルを折衷した新ルールかをまず決めてからでないと選手は闘えない。たんなる地域限定のスポーツから全国的なスポーツへ、ローカル・ゲームからナショナル・ゲームへと発展していくためには、やはり明文化によるルールの統一が不可欠であった。が、そのことに気づいていた人間はおそらくいなかった。

あるゲームが数多くの人びとのプレイする全国区のスポーツとなるためには、やはりルールも全国区でなければならない。ここで思い起こされるのはサッカーの統一ルール誕生の経緯である。サッカーは主として、イートン、ウィンチェスター、チャーターハウスといった、伝統を誇る名門パブリックスクールの学生によってプレイされていたが、各校によってルールが異なっていた。したがって対外試合はあまりおこなわれていなかった。パブリックスクールの学内で試合をしている分には何の支障もないが、大学に進学してから不便が生じてしまう。なぜなら、異なる学校の出身者とはルールが食い違って円滑にプレイできないからである。そこでケンブリッジ大学ではルールをきちんと制定し、成文化した。一八四三年のことだった。これをケンブリッジ・ルールという。三年後の四六年には大半の学校がこのルールを採用するに至り、イングランドにサッカーが広まるきっかけとなったのである。

§2　ルール統一への機運――ニッカボッカーズ結成

ベースボールにもルール統一に向かう転機が訪れる。サッカーのケンブリッジ・ルール成立から二年後、一八四五年のことだった。その経緯は次のようなものであったと考えられている。立役者は、ニューヨークのユニオン銀行に勤める二五歳のアリグザンダー・ジョイ・カートライト。この時点のカートライトはむろん知るよしもないのだが、勤務していた銀行の上司はダニエル・エベッツという名で、その甥夫婦に五九年、息子チャールズが生まれる。このチャールズ・エベッツこそがのちにブルックリン・ドジャーズのオーナーにおさまり、家名を冠した史上名高いエベッツ・

フィールド（いまはなきドジャーズの本拠地球場）を建てることになるのである。

　さて、この若い銀行員は四二年の春以来、マンハッタンで友人たちと旧式のベースボールを楽しんでいた。おそらくマサチューセッツ・ゲームもしくはその変種と思われる。しかし、次第に既成のスタイル、ルールに飽き足りなくなって、自分なりのゲーム改革案を考えつく。そこでカートライトはベースボールを通じた知り合いのウィリアム（ビリー）・タッカーにみずからのアイディアを披露する。四五年の夏ごろのことである。ブロードウェイのタバコ店の息子タッカーは、四三年に発足したニューヨーク・ベース・ボール・クラブの有力なメンバーであり、タバコ店を営む父エイブラハムも、ニューヨークの旧ベースボール界ではよく知られたプレイヤーだった。四五年七月にはユニオン銀行が火事にあい、その後カートライトは銀行をやめて書店経営に転向しているから、この時点でカートライトはすでに書店経営者だったかもしれない。

　タッカーはいたく興味をかきたてられる。タッカーのルームメイトにして同じベース・ボール・クラブのチームメイト、弁護士のウィリアム・ホイートンにもタッカー経由で話が伝わり、相談に加わることになる。かくして、カートライト、タッカー、ホイートンの三人によって改革案がさらに練り上げられたらしい。そしてついには、自分たちの考えた新ルールにのっとってプレイする新しいクラブを設立しようと話がまとまる。クラブの名はニッカボッカー・ベース・ボール・クラブ（以下、ニッカボッカーズと略す）と決まった。この名はメンバーの大半が以前所属し、四三年に解散したボランティア消防団「ニッカボッカー第十二エンジン・カンパニー」に由来すると考えられているが、ニッカボッカーには〝ニューヨーカー〟の意味があるから、消防団とは無関係につけられた可能性もある。誤解のないように断っておくと、ニッカボッカーというクラブ名とは裏腹に、彼らがプレイ時にニッカボッカー（膝下までの半ズボン）を着用したことはただの一度もない。四九年にクラブとしてユニフォームを定めるのだが、上はフランネルの白いシャツ、下は青いウール地のストレートな長ズボンというものだった。

メンバー集めにはエベネザー・デュピニャックと、やはりニューヨーク・ベース・ボール・クラブの一員である保険会社勤務のダンカン・カリーの二人も加わった。タッカー、ホイートン、カリーは所属クラブを離れる気こそなかったものの、新しいクラブ設立の準備には協力を惜しまなかった。カートライトの発案にもとづくルールの成文化は、法律の知識がありフォーマルな文章に慣れ親しんでいたホイートンが担当し、最終的にはホイートンとタッカーの連名で公表されたのである。

それ以前、ベースボールのルールは、すでに紹介したスポーツや子どもの遊びのガイドブックにごく簡単な形で掲載された以外には成文化されたことがなかった（少なくとも現在までに見つかってはいない）。クラブの設立自体はむろんニッカボッカーズがはじめてではない。先に紹介したフィラデルフィアのタウン・ボール・クラブは一八三三年の設立だったし、サーロウ・ウィードは一八二五年のロチェスターに「ベース・ボール（この場合、旧ベースボール）」のクラブがあったと書いている。しかし、クラブを結成すると同時にルールをきちんと文字にし、そのルールにしたがってプレイしていこうと考えた者はいなかったのである。

考えてみれば、ある団体を結成するにあたっては設立の趣旨や規約を文章にするのが常識で、その団体でスポーツをやろうとするならばルールを明文化するのが当たり前のことである。だが、「ベース・ボール」やベース・ボール・クラブに関しては、なぜかそれが実行に移されたことがなかった。初心者には口頭と身ぶりで説明し、実際にプレイさせてみればそれで十分、あとは慣れだから、わざわざ文字に書き記す必要性を感じなかったのだろう。どこかに、余暇にする遊びだからそれほど大げさにしなくても、という気持ちがあったかもしれない。スポーツというものが現在ほど認知されてはいなかったし、大衆化もしていなかった。加えて、きちんとした規約の形でまとめるには法律の文章に慣れた者の助けをかりなくては難しい、という無理からぬ理由もあったろう。ニッカボッカーズの場合には、法曹関係者のホイートンが身近なところにいたことが幸いしたのである。

ニッカボッカーズは開発で空き地の少なくなったマンハッタンに見切りをつけ、ハドソン河の対岸ニュージャージー州ホーボーケンのイリジャン・フィールズに白羽の矢を立てた。渡し船を使えばマンハッタンから十五分ほどで行くことができる多目的アミューズメント・グラウンドである。練習や試合はイリジャン・フィールズでおこなうことにし、グラウンド及び更衣室用クラブハウスの年間使用料七五ドルを払い込んだ。かくして活動の拠点となるホームグラウンドが確保されたのである。

一八四五年九月二三日、ホーボーケンにあるマカーティ・ホテルに二八名のプレイヤーが集まって、クラブの正式な結成式がとりおこなわれた。メンバーはほとんどがホワイトカラーの若いビジネスマンだった。クラブの規約が披露されて承認を受け、初代会長にカリー、副会長にホイートン、財務担当事務局長兼書記にタッカーが選出された。カリー、ホイートン、タッカーの三人は結局二つのクラブに籍を置いて、新旧両ベースボールを掛け持ちしてプレイすることにしたのである。何と言ってもニューヨーク・ベース・ボール・クラブでのキャリアがあるこの三人は、先輩格として他から一目も二目も置かれ、頼りにもされていたのだろう。

§3　ニッカボッカーズ制定の規約二〇カ条

次に掲げるのがニッカボッカーズの規約全文である。

第1条　メンバーは決められた運動《エクササイズ》の開始時間を厳守し、遅れないよう集合しなくてはならない。

第2条　運動の参加メンバーが揃ったら、会長が、会長不在の場合は副会長が、審判を指名する。審判は渡される専用の手帳にゲームを記録し、運動中にクラブ規則及びルールに違反した行為があればすべて書きとめなくてはならない。

第3条　統括係は二人のメンバーをキャプテンに指名する。キャプテンはプレイせずにゲームの進行を仕切る。また、統括係は可能な限り両チームの力量が同等になるよう配慮する。一塁側か三塁側かはトスで決める。先攻後攻も同様にトスで決める。

第4条　ベース間の距離は〝ホーム〟から［二塁まで］四二歩。一塁から三塁までも同じく四二歩でなくてはならない。

第5条　通常の練習日にはスタンプ・マッチ［?］をしてはならない。

第6条　もしも予定の運動開始時刻にクラブのメンバーが十分集まっていない場合には、メンバーでない男性を参加させてゲームをおこなってもかまわない。ゲームを始めないで遅れて来るかもしれないメンバーを待つようなことがあってはならない。しかしいずれにしても、ゲームを始めるにあたってはその場にいるメンバーを優先しなくてはならない。

第7条　ゲームが開始されてからメンバーが現れた場合、両チームの合意があれば、遅刻したメンバーもゲームに加わることができる。

第8条　21カウント（エース）を先に取ったチームを勝ちとする。しかし、ゲームの終了は両チームとも同数のハンド［アウト］を記録した時点とする。

第9条　ボールは打者に対し、"pitch"［アンダーハンドからトスする］せねばならず、"throw"［オーバーハンドから投げる］してはならない。

第10条　打球が［ノーバウンドで］フィールドの外に出た場合、もしくは一塁線、三塁線の外に出た場合はファウルとする。

第11条　打者が三回空振りし、三回目に空振りしたボールを捕手が捕ればアウト。捕手が落球した場合はフェアとなり、打者《ストライカー》は一塁まで走らねばならない。

第12条　バットに当たるか、かするかしたボールを野手がノーバウンドまたはワンバウンドで捕ればアウトとする。

第13条　走者がベースに到達する前にベースについた相手方の手にボールがあればアウト。ベースに到達していない走者にタッチしてもアウト。しかし、いかなる場合もボールを走者めがけて投げてはならない。

第14条　走者がベースに入る前の相手方の捕球または打球処理を妨害した場合はアウト。

第15条　スリー・アウトで攻守交代。

第16条　プレイヤーが打つ順番は決まっていなくてはならない。

第17条　ゲームに関連したあらゆる口論、争いを裁くのは審判である。審判に対してプレイヤーがアピールすることは許されない。

第18条　打球がファウルの場合はエース［得点］にもベース・ヒットにもならない。

第19条　投手がボークをおかした場合、走者は次のベースに進むことができる。

第20条　打球がバウンドしてフィールドの外に出てしまった場合にはワン・ベース進むことが認められる。

＊第4条にある四二歩は、一歩＝一ヤード（三フィート）換算で約三八・四メートル。現行ダイヤモンドは一辺（塁間）が九〇フィート（約二七・四三メートル）だから、対角線（本塁－二塁、一塁－三塁間）は約三八・七九メートルで、ほぼ一致する。

以上の二十カ条にはゲームのルールとクラブとしての活動規約、マナーなどが混在している状態で、まだまだカバーできていない部分も多い。とはいえ、かつての子ども向けガイドブック類の解説と比べると格段に整理され、緻密になっている。法律家が手を貸しただけのことはある。この程度でも、それまでにはない画期的なものだった。

ニッカボッカーズの面々はおそろしく真剣にベースボールをプレイし、おそろしくまじめに紳士のクラブとして活動しようとしていたのだった。したがって、同好の士が集まって楽しく、仲よく、気分よく活動できるよう、メンバーには規律を重んじることが要求される、と考えたのである。そのためには、審判にすべての権限を委ね、むやみな抗議や暴言のたぐいは慎み、紳士的にプレイしなくてはならない。従来から旧ベースボールを楽しむクラブは数多く存在していたが、ここまで徹底したクラブはおそらくなかっただろう。

以上からもわかるように、カートライトとニッカボッカーズは、まったくの無から新しいゲームを創造したわけではない。一部で誤って理解されているようだが（たとえば、ハロルド・ピータースンの先駆的なカートライト伝のタイトルは『ベースボールを発明した男』（*The Man Who Invented*

Baseball）となっている）、決してベースボールそのものを〝発明〟したのではなかった。英国渡来のベースボール及びそのアメリカ版である旧ベースボール（その代表がマサチューセッツ・ゲームやタウン・ボール）の基本的枠組みは変えることなく巧みにヴァージョン・アップをはかり、なおかつ新機軸を打ち出したのである。

旧ベースボールの段階ですでに、今日のベースボールを形づくっている不可欠な基本要素は出そろっていた。それらの要素をさらに洗練させて、余計なものは削り、現行ベースボールのもとになるスタイルを確立したのである。その功績によって発案者のカートライトは「モダン・ベースボールの父」と讃えられ、クーパーズタウンの殿堂にその名と事績を記した銘板が飾られている。ニッカボッカーズのメンバーとしては唯一の殿堂入りである。

§4 〈ゴッサムズ〉によるモダン・ベースボール誕生説

しかしながら、規約には作成者としてのカートライトの署名がないこと、カートライトが初年度には役員に選出されていないこと、その二点を考え合わせると、ベースボール近代化の功績をカートライトひとりに代表させてしまうのは問題ではないかという気がする。じっさい、近年ではカートライトの評価が過大であるとして修正案が提起されている。ことの発端は二〇〇四年に発掘された一八八七年の談話記事（『サンフランシスコ・エグザミナー』紙に掲載）である。談話の主の名はなぜか明かされていないが、紹介されている経歴と談話の内容からいってウィリアム・ホイートンであることは確実と思われる。ホイートンは一八四九年に金鉱を求めてカリフォルニアに移住して以来、ほぼ半世紀をサンフランシスコで過ごしてきたのである。

ホイートンらしき人物が若かりし頃をふり返って言うには、ニューヨークで一八三〇年代半ばから弁護士、医師、商人の仲間たちと「スリー・コーナード・キャット」という子ども向けボールゲームを楽しんできた。一八三七年にはスリー・コーナード・キャットに改良を加えた新しいスタイルを考案し、ゴッサム・ベース・ボール・クラブ（以下、ゴッサムズと略す）を設立、さらに自分が任されてルールを成文化した。ダイヤモンド型のフィールド、ホームプレートと砂袋のベースもその時に生まれたのである。その後、新しいスタイルがたちまちにして爆発的な人気を呼んでクラブの設立が相次ぎ、創始者である自分たちと考えが合わなくなってきた。そこでいったん身を引いてニッカボッカーズを新たに設立したのである、と。

何のことはない。ニッカボッカーズはたんに先駆者ゴッサムズの事績をなぞっただけではないか。ホイートンの証言内容が事実であるとすれば、通説がくつがえって、モダン・ベースボール創始の栄誉はカートライトとニッカボッカーズではなく、ホイートンとゴッサムズに与えられねばならなくなるだろう。じじつ、ホイートン発言を全面的に信ずる研究者は、ニッカボッカーズを二番煎じの域を出ないクラブに格下げし、カートライトの功績もクラブ組織化と会員のリクルートに限定してしまうのである。

しかし、半世紀前を回顧したホイートンの談話を果たして鵜呑みにしてよいのだろうか。ホイートンはこの談話を発表した翌年、おそらく七十代半ばで死去している。記憶の確かさには個人差があるから一概には言えないが、平均寿命が現在よりも短かった十九世紀の七十代による死の前年の発言に記憶違いや混同がない、と言い切れるだろうか。ホイートンにゴッサムズのルールを成文化した経験があるのなら、ニッカボッカーズの規約を作るくらいは朝飯前だったろうが、肝腎のゴッサムズ・ルールは残存しておらず、確認のしようがないのである。

さらに、さまざまな疑問がわいてくる。新しいスタイルによってブームを巻き起こしたというゴッサムズの名がいともたやすく忘れ去られたのはなぜなのか。問題の一八三七年から三〇年とたっていない六六年刊行のベースボール・ガイドブック *Peverelly7s National Game* にゴッサムズに関する記述はあるが、創設は一八五二年となっており、ホイートンは関与していない。ホイートンの〝元祖〟ゴッサムズとは別に成立した同名異クラブなのだろうか。ニッカボッカーズは四五年の創設後しばらく対戦相手探しに苦労し、クリケット・クラブと試合したりしているが、八年前の三七年にゴッサムズに刺激されて多数誕生したというクラブは一体どうしてしまったのか。また、ニッカボッカーズの創設前、ホイートンはニューヨーク・クラブに所属していたが、このクラブとゴッサムズはどのような関係にあったのか。

そのように考えてくると、ゴッサムズによる一八三七年モダン・ベースボール誕生説は可能性としては成立するにしても、現段階では裏付けとなる証拠を欠いており、通説をくつがえすまでには至らないと判断せざるを得ない。よって、ゴッサムズとその功績の全容解明には今後の新史料発見に期待することにして、ニッカボッカーズの規約の検討に戻るとしよう。幻のゴッサムズ・ルールが先行したか否かはさておくとして、旧ベースボールからの大きな変更点は以下の五つに整理することができる。

§5　ニッカボッカーズ規約の新機軸

第一はダイヤモンド型のフィールド。しかしこれがニッカボッカーズの独創でないことはすでに見てきたとおりである。マサチューセッツ・ゲームの四角形から元に戻したことになる。

第二には、すでにふれたプラギング（ソーキング）を廃止したことである。ブリティッシュ・ベースボールとの決別であった。ボールが硬くて身体に当たると痛いので、かねてからプラギングは一部では不評を買っていた。それはそうだろう。打席で不運にも投球が当たってしまうのならまだしも、走者になってまでドッジボールまがいのプレイはやりたくないだろう。また、走っている人間にボールを当てるのは難しいから自然と暴投が多くなる。そうするとボールを拾いに行っているうちに時間を食ってしまい、ゲームとして締まりがなくなる。旧ベースボールの欠点のひとつだった。プラギングの廃止は心あるプレイヤーたちから大いに歓迎されたことだろう。

第三に、投手の投法を下手投げ（アンダースロー）に限定したこと。下手投げといっても、かつての杉浦忠（南海ホークス）や山田久志（阪急ブレーブス）、そして現在の渡辺俊介（元千葉ロッテマリーンズ）、牧田和久（西武ライオンズ）のようなサブマリン投法ではなく、ソフトボールの投手の投げ方に近い。それも、ニッカボッカーズの綱領に「throw すべからず、pitch せよ」とある。当初はビュンと抛るというより、ヒョイと軽くトスする程度だったようだ。要するに打者が思う存分バットを振ることができるならそれで十分、投手はあくまでも脇役にすぎなかったのだ。

ベースボールは投手が打者に向かってボールを投じなくてはプレイが始まらないゲームであり、どんな投球をしようが投手の自由に任されているのだから、本来は投手が主導権を握るはずである。ところが、下手投げの規定によって打者には最大級の便宜がはかられ、投手に対して絶対的な優位に立つことになった。裏を返せば、草創期の近代ベースボールにおいては、投手は打ちやすい球を投げることを使命とし、あくまでも打者に奉仕すべき存在だったのである。

この打者優遇の精神はかなり後の時代にまで生き残ることになる。ちなみに投手のサイドスローが許可されるのが一八八二年、オーバースローにいたっては一八八四年である。つまり、一八七六年に大リーグのナショナル・リーグが発足してから六シーズンはどんな名投手であろうと、下からソフトボールのようにボールを抛っていたことになる。

第四は、スリー・アウトで攻守交代、21点（カウント、エース、ランなどと呼ぶ）先取した方が勝ち、という方式を採用したことである。タウン・ボールの場合はワン・アウトで攻守交代の100点先取制だったから、容易なことでは100点に達せず、試合がだらだらと長引いてしまう欠点があった。例えば、一八五九年のアマスト大ーウィリアムズ・カレッジ戦は四時間かかって73対32になったところでゲームを打ち切っている。今日のプロの試合では三時間をこえる試合は珍しくないが、それはサインが複雑化し、プレイヤーの分業化によって選手交代に時間がかかるようになったからで、本来のベースボールは甲子園の高校野球のように二時間以内で終わるのが普通だったのである。ニューヨーク・ゲームの魅力のひとつは、タウン・ボールに比べて短くてすむ試合時間だった。ニューヨーク・ゲームはベースボールのスピードアップに大いなる貢献をしたといえる。ただし、どちらかのチームが21点に到達しても、両チームのアウト数が同じになるまでゲームは続けられるので、最終的なスコアは21点を上回る場合が多かった。

第五に、フェアゾーンとファウルゾーンの設定である。タウン・ボールでは打球が三六〇度どこへ飛んでもフェアだったから守りづらい上に、野手が打球を追いかける時間が長いとゲームがだらけるばかりで、見ばえもよくない。古い「ドイツ式ボールゲーム」や「英国式ベース・ボール」ではゾーンが区別されているから、フィールドの形同様、これまたタウン・ボールのルールを改めて〝先祖返り〟したことになる。

ボールについては何もふれていないが、一八五四年のニッカボッカーズ年次総会でルール委員会が四五年の二十ヵ条を改訂して新たに定めた十七ヵ条のなかには規定がある。それによると、重さ五・五オンス以上六オンス以下、直径は二と四分の三インチ以上三・五インチ以内となっている。この時点でも似たようなものだったとすれば、マサチューセッツ・ゲームの使用球よりも大きく、しかも重い。これがやや縮小されて現行の重さ（五から五と四分の一オンス）、大きさ（周囲九から九と四分の一インチ、つまり直径約二・八六六インチから約二・九四六インチ）になるのは六〇年からである

（メートル法との換算は一一九ページ参照）。

ひとつ気づくのは、フィールド・プイレヤーの人数を規定していない点である。どうやら、人数に関しては意見がまとまらずに先送りにしたふしがある。その後の経過からみると、ゲームを積み重ねながら試行錯誤していって最終的に固定する腹づもりだったと推測される。

投手ー打者（本塁）間の距離に関してもまだ規定がなかった。上述した五四年の年次総会で初めて十五歩（四五フィート＝一三・七一六メートル）以上と定められている。現在の公認硬式球より大きくて重いボールを下からほうるのだから、現行よりも五メートル弱短いのも無理はないだろう。四五フィートが六〇フィート六インチに変わるのは意外に遅くて、ナショナル・リーグが発足して十八年目の九三年である。リーグ全体のあまりの低打率を見かねて打者にアドバンテージを与えるべく、距離の伸長に踏み切ったのだった。

§6　ベースボールの神様の配剤――〈遊撃手〉の誕生

ニッカボッカーズの誕生は確かにベースボールの歴史における画期的な出来事だった。しかし、ルールを成文化し、クラブを設立しただけではまだ絵に描いた餅にすぎない。ルールにのっとって実際にプレイされないことには、新しいゲームが生まれたとは言えないだろう。器だけがあって中身が入っていないようなものではないか。プレイされることによってはじめて、新しいスタイルのベースボールは実体を具えるのである。借り物ながらホームグラウンドもできた。あとは実際にゲームをおこなうばかりである。

まずはクラブ内のメンバー同士によるゲーム、日本でいう紅白戦によって試運転がはじまった。この紅白戦はクラブ結成後の九月下旬からおこなわれたようだが、記録は残っていない。注文していたクラブの名入りスコアシートが届いてやっと試合内容が記載されるようになるのが十月六日のことである。このときの紅白戦は副会長のホイートンが審判をつとめ、カートライト、タッカー、カリー、デュピニャックはプレイヤーとして出場している。ただし、両チーム七人ずつの編成だった。結果は11対8で、まだルール通りの21点先取制を施行してはいない。先に述べたように、タウン・ボールは一チームが十人から十四人でおこなわれていた。まず七人制を試してみたというのは、ニッカボッカーズの面々がタウン・ボールの野手は多すぎると感じていたせいだろう。タウン・ボールには一塁から三塁までの各ベースを担当するベース・テンダー野手（ベース・テンダーという）がいたから、それにならっておそらく内野には三人を配置し、外野は二人で十分カバーできる、と考えたのだろう。

次におこなわれた紅白戦ではクラブの規約どおりに21点先取制を採用している。十月十七日になると両チーム八人ずつとなり、六日には審判をつとめたホイートンもプレイヤーとして出場している。七人制を試してみた結果、広い外野を二人でまかなうのはあまりにも大変なので三人に増やし、内野、外野とも三人という布陣にしたものと推測される。

より〝公式戦〟的な意味合いのつよい新ルールによる初の対外試合、つまり新ベースボール初のクラブ対抗戦は十月二一日にイリジャン・フィールズでおこなわれた。ただし、戦ったのはニッカボッカーズではなく、タッカーとホイートンの所属するニューヨーク・ベース・ボール・クラブと、ブルックリン・ベース・ボール・クラブだった。試合前日には日刊紙に予告記事まで出ており、注目度の高さがうかがえる。この試合も八人制で、ニューヨークのメンバーにはタッカーが名を連ねている。ブルックリン・クラブはユニオン・スター・クリケット・クラブが母体となっており、ベース・ボール・クラブとしてはどうやらにわか仕立てのチームのようだ。ニッカボッカーズが新ルールのモニターを両クラブに依頼したという印象を受ける。

なお、ここでいうニューヨークは狭義のニューヨークであって、マンハッタン地区を指していた。その意味で、行政区画としてはニューヨーク・シティに属してはいても、ブルックリンはニューヨークではなく、独立した別地区のようにみなされていた。のちにブルックリンに本拠を置く大リーグ球団ができるが、それはニューヨーク・ドジャーズではなくブルックリン・ドジャーズ（現在のロサンジェルス・ドジャーズの前身）と呼ばれたのである。

この歴史的な一戦は、新聞でも告知されていた開始予定時間より一時間遅れて午後三時に始まった。十月二一日は平日の火曜だったが、のんびりしていたこの時代は中流のホワイトカラーなら昼ごろまでに仕事が終わるせいか、早い時刻の試合開始でも支障はなかったのである。試合はベースボール専門のプレイヤーとクリケット・プレイヤーの差が如実に表れたのか、一方的な展開となり、24対4でニューヨークの圧勝に終わった。翌日の新聞には試合の結果も簡単なスコア付き（ボックスコアを開発したのはヘンリー・チャドウィックで、一八五九年のことである）で掲載された。ベースボールの試合の告知ならびに結果が新聞で報道されるというのは画期的なことだった。新しいスタイルのベースボールがアメリカ人（この場合、厳密にはニューヨーカーだが）の心を早くもつかんでいたことがうかがえる

二四日の金曜には舞台をブルックリンに移して同一カードの再戦が組まれた。今度はブルックリンもよく得点したものの37対19でまたもやニューヨークに凱歌が上がった。とはいえ、当時のクラブ対抗戦はあくまでも社交、親睦の一環であり、勝った負けたはさほど重要視されていなかった。むしろ試合後の晩餐会の方に比重がかかっていたから、ゲームでは思う存分身体を動かして爽快な気分になればそれでよかった。そうは言っても、思うように打てないと逆にストレスがたまる。したがって、投手は打者に打たせまいとして投げるのではなく、打者の打ちやすいコースへ打ちやすいボールを投げることを義務づけられた。したがって、当時の好投手とは、打者によく打たれる投手のことを指したのである。ゲームではいっさい小細工なし。打ちやすい球を思い切り打って走ればどのプレイヤーもそれで満足だった。今日でいえば、バッティングセンターでマシンの球を打ちごろに設定して、打ちたいだけ打ちまくるようなものだろうか。ニッカボッカーズのルールで、投手はアンダーハンドから（ゆるいボールを）ほうるべし、としたのもそれでうなずけるだろう。

十一月にはニューヨーク・ベース・ボール・クラブの結成一周年を祝う紅白戦がおこなわれた。副会長のホイートンが久々にプレイヤーとして参加している。紅白戦とはいえ、歴史的にみると初

めて九人制を採用した記念すべき意味深いゲームであった。八人制の場合、内野は三人で一塁から三塁までの各塁一人ずつの担当になるが、守るさいには塁間を大きく空けるわけにはいかないから、あまりベースの近くに寄ってはいられない。ところが、一二塁手が一塁寄りに守れば二―三塁間が、三塁寄りに守れば一―二塁間ががら空きになってしまう。つまり、二つある塁間（四角形の二辺）を三人で受け持とうとすれば、どちらかを一人で担当せねばならず、どうしてもアンバランスが生じてしまうのだ。それを是正するためには内野手をもう一人加えなくてはならない。そこで、どの塁にも属さないショートストップという役割――ショートストップを遊撃手とは、よくぞ訳したものである――を案出し、ホームベース側から見て二塁の左方に配置することにしたというわけである。これはまことに理にかなっている。この試合で九人制がしっくりくるという感触が得られたのか、以後固定し、二度と八人制に戻ることはなく、十人に増えることもなかった。こうしてニッカボッカーズは試行錯誤の末、いまだに続いている九人制にたどりついたのだった。ベースボールの神による配剤と言うべきか。

§7　ニューヨーク・ゲームの天下布武

翌四六年のシーズン、ニッカボッカーズはカリー会長を再選し、副会長に医師のダニエル・アダムズ、タッカーが会計、カートライトが書記という新体制でスタートを切る。また、初めて名誉会員としてタッカーの父エイブラハムと、ニューヨーク商工会議所会頭ジェイムズ・リーを選出している。すでにふれたように、二人とも往年の名プレイヤー、旧ベースボール隆盛の功労者であると、現役プレイヤーたちが一致して認めていたのだ。

そして六月十九日、いよいよ九人制での初めてのクラブ対抗戦が実施されることになった。新ルールの主唱者たるニッカボッカーズ、満を持しての登場、相手は百戦錬磨のニューヨーク・ベース・ボール・クラブである。この記念すべき試合は23対1という大差がついてニューヨークの圧勝に終わり、〝主役〟かたなしの一方的スコアが歴史に残る羽目になってしまった。しかし、繰り返すが、勝敗や点差には現在で考えるような大した意味はなく、こののち解散するニューヨーク・クラブのお別れゲーム的意味合いがつよかったのかもしれない。

すでに述べたように、ニューヨークのベースボールは新聞に試合の告知及び結果が掲載されたし、何しろホームグラウンドのイリジャン・フィールズは名だたる行楽地のこととて、当初から物珍しげに集まってくる観客もいたから、新しいスタイルのベースボールが一般に認知され、浸透していくスピードにはかなりのものがあった。マサチューセッツ・ゲーム（もしくはニューイングランド・ゲーム、ボストン・ゲーム）に対抗してか、誰いうとなく、ニューヨーク・ゲームの名がついた。もちろん、地元ニューヨーク周辺ではすこぶる好評で、タウン・ボール系からこの斬新なニューヨーク・スタイルに切り替える既成クラブが続出した。また、このルールでプレイしてみたいと新たなクラブも陸続と結成されていき、ニューヨーク・ゲームはまたたくまに支持を広げていった。

このスタイルには改良の妙というのか、当時のアメリカ人を夢中にさせる魅力を存分に具えていたのだ。アメリカン・フットボールを見るまでもなく、アメリカ人はサッカーのようにほとんどノンストップでプレイが続くスポーツよりも、間《ま》のあるもの、プレイとプレイのあいだが途切れるものを好むようだ。現代のアメリカ人に大人気で、間断なく攻防が続けられているかに見えるバスケット・ボールも、実はゴールが決まるごとに攻守が切り替わる〝間《ま》〟が数多く挿入されているのだ。ニューヨーク・ゲームが実際にプレイするだけでなく、観るだけでも楽しかったであろうことは、宣伝もしない当初から観衆が自然と集まってきたことからも容易に推察される。たとえば、四年に一度は不特定多数を熱狂させることができるけれどもふだんの試合や大会ではさっぱり観客を集められない競技は、スペクテイター・スポーツ（観るスポーツ）としては明らかに力不足なのである。

文字になったルールが存在していたことも普及に役立った。成文化したルールがあるゲームとないゲーム、どちらがプレイしやすいか、言うまでもないことだ。むろんタウン・ボールにも投手の自由投法やフライ・キャッチなど、客観的にみてニューヨーク・ゲームよりすぐれた部分もいくつかあったが、全体としては、はっきりとニューヨーク・ゲームに軍配が上がったのだ。先行するタウン・ボールを追い落とした新興のニューヨーク・ゲームによる、いってみれば、さまざまなルールという群雄が割拠する戦国乱世の時代に終止符を打つ、天下統一が成し遂げられたわけである。突飛な連想ではあるが、どことなく、運にも恵まれて武田信玄や上杉謙信、今川義元、北条氏、毛利氏といった旧勢力を代表する先行の有力諸大名との競争を勝ち抜いた、新興の織田信長による天下布武を思わせるではないか。

参照文献

Brown, Randall. "How Baseball Began," *The National Pastime: A Review of Baseball History* 24 (2004): 51-54.

Charlton, James ed. *The Baseball Chronology: The Complete History of the Most Important Events in the Game of Baseball* (New York: Macmillan, 1995).

DiClerico, James M. and Barry Pavelec. *The Jersey Game: The History of Modern Baseball from Its Birth to the Big League in the Garden State* (New Brunswick: Rutgers University Press, 1991).

Frommer, Harvey. *Primitive Baseball: The First Quarter-Century of the National Pastime* (New York: Macmillan,1988).

Goldstein, Warren. *Playing for Keeps: A History of Early Baseball* (Ithaca: Cornell University Press, 1989).

Gutman, Dan and Tim McCarver. *The Way Baseball Works* (New York: Simon & Schuster, 1996).

Hershberger, Richard, "A Reconstruction of Philadelphia Town Ball," *Base Ball: A Journal of the Early History* 1. 2 (2007) : 28-43.

Kazin, Alfred. *On Native Grounds: An Interpretation of Modern American Prose Literature* (New York: Reynal & Hitchcock, 1942).

Leitner, Irving A. *Baseball: Diamond in the Rough* (New York: Criterion Books, 1972).

Lewis, Robert M. "Cricket and the Beginnings of Organized Baseball in New York City," *International Journal of the History of Sport* 4 (1987) : 315-332.

Nemec, David. *The Official Rules of Baseball: An Anecdotal Look at the Rules of Baseball and How They Came to Be* (Guilford: The Lyons Press, 1999).

Nucciarone, Monica. *Alexander Cartwright: The Life Behind the Baseball Legend* (Lincoln and London: University of Nebraska Press, 2009).

Peterson, Harold. *The Man Who Invented Baseball* (New York: Charles Scribner's Sons, 1969).

Rader, Benjamin G. *Baseball: A History of America's Game* (Urbana and Chicago: University of Illinois Press, 1994).

Seymour, Harold. *Baseball: The Early Years* (Oxford and New York: Oxford University Press, 1960).

Solomon, Burt. *The Baseball Timeline: The Day-to-Day History of Baseball From Valley Forge to the Present Day* (New York: Avon Books, 1997).

Sullivan, Dean A. ed. *Early Innings: A Documentary History of Baseball 1825-1908* (Chapel Hill: The University of North Carolina Press, 1995).

Thorn, John. *Baseball in the Garden of Eden: The Secret History of the Early Game* (Jefferson, and London: 2011).

_____. "The True Father of Baseball," *Total Baseball,* Sixth Edition, ed. by John Thorn, Peter Palmer, Michael

Gershman, and David Pietrusza with Matthew Silverman and Sean Lahman (New York: Total Sports, 1999), pp.110-112.

Thorn, John and Mark Rucker eds., *Peverelly's National Game* (1866; London: Arcadia, 2005).

Tygiel, Jules. *Past Time: Baseball as History* (Oxford and New York: Oxford University Press, 2000).

Voigt, David Quentin. *American Baseball: From Gentleman's Sport to the Commissioner System* (1966: University Park and London: The Pennsylvania State University Press, 1983).

Zoss, Joel and John Bowman. *Diamonds in the Rough: The Untold Story of Baseball* (New York: Macmillan, 1989).

図版出典

図19　"Learning to Play Town Ball at the Farmer's Museum: Information for Groups"（クーパーズタウンにある The Farmer's Museum が発行している説明書）　表題は「タウン・ボール」となっているが、タウン・ボールという語は旧タイプのベース・ボールを後代になってから回顧的に名づけるのにも使われることがあり、これもその一例と考えられる。場所がマサチューセッツ州のデダムであれば、当然呼称はマサチューセッツ・ゲームである。

第VI章　進撃のアメリカン・ベースボール

§1　ニューヨーク・ゲーム、マサチューセッツを制す

ニッカボッカーズが考案した新しいスタイルの揺籃の地ニューヨークから、北東のニューイングランドへと目を転じてみよう。そこはマサチューセッツ・ゲームの牙城だけに、「ベース・ボール」といえば旧来のスタイル一辺倒で、当然ながら新興のニューヨーク・スタイルなどには目もくれない。現在のボストン・レッドソックス・ファンがニューヨーク・ヤンキースに抱く、敵愾心とも言えるほどの強烈な対抗意識を見れば得心がいくだろう。全米一の、いやグローバルな人気チームであるヤンキースも、ボストンでは〝悪の帝国〟とみなされ、完全に敵役扱いなのである。

マサチューセッツ州全体を統括する組織マサチューセッツ・アソシエーション・オブ・ベース・ボール・プレイヤーズは、ニューヨーク・ゲームの台頭を目にしつつも、あくまでマサチューセッ

ツ・ルールでプレイすることを高らかに宣言していた。一八五七年には非公式ながらマサチューセッツ選手権を開催し、観衆二千人を集めたほどである。ニューヨーク・ゲームに対抗してルールも成文化した。六〇年にはまだ少なくとも七五のクラブが活動していたのである。しかし、後述するように、次々と新機軸を打ち出す日の出の勢いのニューヨーク陣営と比べると、後追いだけに打つ手打つ手がどれも遅すぎた感は否めず、しだいに下降線をたどっていった。

実はニューヨークとて、ニッカボッカーズの発足後すぐに新スタイルのブームが到来したわけではない。ニッカボッカーズも、四六年にニューヨーク・クラブと対戦したあと、他クラブとの試合は五年間おこなっていないのだ（少なくとも記録には残っていない）。ゲームはクラブ内でするもので、対外試合そのものがまだ一般的ではなかったという理由も確かにあるのだが。ようやく五一年になって、六月三日と十七日にワシントン・クラブとクラブ対抗マッチを戦う。翌年は、そのワシントン・クラブを吸収して発足したばかりのゴッサム・クラブ（以下、ゴッサムズと略す）との二試合が記録に現れる。(1)

それ以外のクラブといえば、五四年にはマンハッタンにエンパイア・クラブ（以下、エンパイアズと略す）とイーグル・クラブ（イーグルズ）、ブルックリンにエクセルシオール・クラブ（エクセルシオールズ）、五五年にはブルックリンにアトランティック・クラブ（アトランティックス）とエックフォード・クラブ（エックフォーズ）、そしてモリセイニア（現在のブロンクス）にユニオン・クラブ（ユニオンズ）が誕生しているから、マンハッタンとブルックリン中心に広まったのはどうやら五〇年代半ばのことらしい。ウィリアム・T・ポーターが発行する『スピリット・オブ・ザ・タイムズ』（最初のスポーツ週刊誌）が五五年に、かつては「教会の街」として知られたブルックリンがいまや「急速に〝ベース・ボール・クラブの街〟という通称を獲得しつつある」と報じているところからも、それは裏づけられるだろう(2)。

マサチューセッツ陣営がマサチューセッツ選手権を企画・開催した一八五七年は、奇しくもニューヨーク・ゲームにとって新たな一歩を踏み出す節目の年となった。一月二十二日、ニッカボッカーズの呼びかけに応じてマンハッタンおよびロング・アイランドの十六のクラブが結集し、初めて大会が開かれたのだ。議長には、五六年からニッカボッカーズ会長をつとめているD・L・アダムズが選出された。しかし、歴史的なニッカボッカーズの規約制定に深く関わったカートライトとホイートンは、その八年も前にゴールド・ラッシュに沸きかえるカリフォルニアの地へと旅立っており、ニューヨーク・ベース・ボール界の表舞台で、もはやその姿を見ることはできない。

この段階ではまだクラブを組織化する話は進んではいないが、ルール委員会が設置され、21点先取制から七イニングズで決着をつける方式への移行をいったん決めた後、あわただしく七イニングズが九イニングズに修正された。いよいよ九イニング制の登場である。ルールはまた一歩、われわれが慣れ親しんでいるベースボールの形態に近づいたのである。この年の一月三十一日には、『ポーターズ・スピリット・オブ・ザ・タイムズ』誌（経営者が代わって誌名を変更しただけで、『スピリット・オブ・ザ・タイムズ』の継続）上に、「［ベース・ボールは］国民的気晴らし（national pastime）」

という、現在ではほとんど陳腐化してしまった決まり文句が初めて活字として出現している。

三月十日には、ニッカボッカーズ、ゴッサムズ、エンパイアズ、イーグルズという老舗の四クラブが発起人となって、ニューヨーク市内の二二のクラブがナショナル・アソシエーション・オブ・ベース・ボール・プレイヤーズ（以下NABBPと略す）を結成する。ここにおいて初めてクラブが組織化されたのである。設立の趣旨は「クラブ間の親睦を深めること」にあった。初代会長にはゴッサムズのウィリアム・H・ヴァン・コットが就任した。これによって、メンバーとなった各クラブは年に一度集まって、ルールを改正したり、試合を組んだり、もめごとを解決したりするようになったのである。しかし、〝ナショナル〟と名乗ってはいても、加盟したのはニューヨーク周辺の一部のクラブに限られており、真の意味での全国組織にはまだまだほど遠い状態だった。

この頃、ニューヨーク・ゲームのパイオニアであるニッカボッカーズの求心力低下をうかがわせるような事実を指摘することができる。一月の大会こそニッカボッカーズのアダムズが議長となっているが、NABBPでは会長以下、副会長、書記、会計といった役員にニッカボッカーズのメンバーがひとりも選出されず、運営面で主導権を握ることができなかったのである。大会からNABBP発足までの二ヵ月足らずのうちに一体何が起こったのか。ニッカボッカーズは元来権力志向ではないし、役員といっても巨額の報酬が得られるわけでなし、逆に雑用係の側面もあるから、選出されなくとも大した問題でない、と片付けることもできよう。が、それにしても、ニッカボッカーズが先頭に立って旧ベースボール界に新風を吹き込んでからまだ十二年しかたっていないのである。

重んじられて当然と思えるゲーム革新の功労者が、役員人事で軽んじられているのはどうにも解せないところだ。もしかすると、この時点でニッカボッカーズと他のクラブとの間で、ベースボールの方向性をめぐって意見の食い違いが生じていたのではないか、と想像をたくましくしたくもなってくる。

NABBP内でニッカボッカーズが置かれていた位置はともかくとして、ニューヨーク・ゲームは次第にルールも整備されていき、お膝元のニューヨークを中心にちょっとしたブームを巻き起こす。

五八年の七月から九月にかけては、ニューヨーク（マンハッタン地区）とブルックリンの選抜チーム同士の対決、いまでいうオールスター戦の三戦シリーズが企画された(3)。場所は現在のシェイ・スタジアム（ニューヨーク・メッツの本拠地）から五キロと離れていない、ファッション・レース・コースという名の競馬場（ここはのちに、テニスの全米オープンがおこなわれるフラッシング・メドウ＝コロナ・パークとなった）。この時、観客から初めて入場料一〇セント（一頭立ての馬車付きだと三〇セント、二頭立てだと五〇セント）を徴収した。それまでは無料でゲームを観戦できたのである。ヘンリー・チャドウィックが半世紀に及ぶベースボール・ジャーナリストとしてのキャリアをスタートさせたのは、実にこのシリーズの第一戦、七月二〇日からであった(4)。

このオールスター戦は一般にもかつてないほどの注目を集め、その後、幾多のクラブが誕生する契機となった(5)。同じ五八年のうちに西海岸で初めてのベースボール・クラブ、イーグル・クラブ

（これぞまさしく、カリフォルニアのイーグルス！）がサンフランシスコで結成されている。

このようにして順調に勢力を拡大していったニューヨーク・ゲームだが、実はその前年の五七年、つまりNABBPが結成された年には、マサチューセッツ・ゲームの牙城に（大げさに言えば）〝侵攻〟への足がかりを築いていた。というのは、ニューヨーク・ゴッサムズのメンバー、エドワード・ザルツマンが商用でボストンを訪れた際、たまたま現地でニューヨーク・ゲームのルールを教える機会に恵まれたのだ。それがきっかけで、ボストンにトライマウンテン・ベース・ボール・クラブが新たに発足する。トライマウンテンズは、ニューヨークに出かけたクラブの会計係がゴッサムズの面々にまじってプレイするなどゴッサムズと交流を深めるうち、同年中にマサチューセッツ州のクラブとしては初めて新スタイルの採用を宣言するに至るのである。それだけでも、ボストン市民がヤンキース・ファンであると公言するような、かなり思い切った行動であった。

ところが、トライマウンテンズはそれどころか、ついにはマサチューセッツ・アソシエーション・オブ・ベース・ボール・プレイヤーズから脱退して、異端の道を歩み始めるのである。さすがに年内には対戦相手が見つからなかったが、翌五八年にはメイン州のポートランド・クラブを相手にボストン・コモンでニューヨーク・ルールにのっとった試合をおこなうところまでこぎつけた。これがニューイングランドで最初のニューヨーク・ゲーム・ルールによるクラブ対抗戦であり、マサチューセッツ・ゲームの独占体制を打ち破る突破口となった。

ボストン・コモンといえば、少年たちが旧ベースボールに興じる一八三四年の図版（『ザ・ブック・オブ・スポーツ』所載：Ⅳ章の図15参照）があった。その象徴的な場所でニューヨーク・スタイルのベースボールが初めてプレイされたのだから、アメリカン・ベースボールの歴史においてはひとつの事件と言ってもよい。

以後、ニューヨーク・ゲーム（NABBP設立後はナショナル・アソシエーション・ゲームと呼ばれた）はニューイングランド内に徐々に浸透していき、ついには先行していたライバル、マサチューセッツ・ゲームを駆逐することになる。六〇年代はじめの頃である。従来よりも短時間ですっきりと決着のつく九イニング制と、やたらに試合時間のかかる100点先取制が明暗を分けたものと思われる。一例を挙げるなら、五九年のマサチューセッツ選手権大会のある試合などは100点到達までに一〇一イニング、時間にして一日半を要している。[6] ゲームとしてのまとまり、落ち着きという点でも、ソーキングがなくフェアグラウンドがきちんと設定されているニューヨーク・スタイルの方が上だったのだろう。一八六〇年にはフィラデルフィアの伝統あるオリンピック・タウン・ボール・クラブですら、タウン・ボールからニューヨーク・ゲームへの転向を決断せざるを得なくなっている。[7] 旧勢力タウン・ボールの命運もここに尽きたのである。

§2　見直されたタウン・ボール

だが、ここが不思議なところなのだが、完全なる敗北を喫した旧式ベースボールのタウン・ボールも、決してその存在を全面的に否定されたわけではなかった。それどころか、いくつかのルールが見直されて、後世のベースボールに採り入れられているのである。

投手の投げ方に関していえば、結局一八八〇年代にサイドスローもオーバースローもスリークオーターも許可されることになるわけだから、ベースボールの進化とともに、下から抛るだけだったニューヨーク・ゲームのルールの方が廃されて、どんな投法も許されていたタウン・ボールのルールが復活したことになる。タウン・ボールでは、ニューヨーク・ゲームよりも小さくて軽い球をオーバーハンド、スリークオーター、サイドハンドで思い切りビュンビュンほうっていたのだから。

それだけではない。タウン・ボールでは打球をノーバウンドで捕球した場合のみをアウトにしていた。この点では、ワンバウンド捕球でもアウトにしたニューヨーク・ゲームはむしろ退化したといえる。さすがに当のニッカボッカーズもそのことに気づいたのか、五七年にノーバウンド捕球のみをアウトにするよう——つまり、タウン・ボールのルールに戻すよう——ルール改正を提案する。すぐには賛同を得られなかったものの、七年後の六四年には変更が認められた。以来、ノーバウンド捕球＝アウトのルールは変わることなく今日まで続いている。ワンバウンド捕球＝アウトのルールをなくしたことで、ゲームがよりダイナミックかつスリリングなものになったことは疑いをいれない。

さらにもうひとつ、見逃しのストライクおよび見逃し三振も、タウン・ボールにはあってニューヨーク・ゲームにはなかったものである。タウン・ボールの遺産は捨て去られることなく継承されたのである。こうしてみると、長いスパンで見た場合、必ずしもニューヨーク・ゲームのひとり勝ちだったとは言い切れない。ニューヨーク・ゲームを過大評価すべきではないし、タウン・ボールを過小評価することもまた妥当ではない。ベースボールというゲームは、旧式のタウン・ボールからも長所を採り入れつつ、現代スポーツとして磨き上げられていったのである。アメリカン・ベースボールのめざましい躍進に関しては、タウン・ボールも陰の立て役者だったと言えよう。

§3　アメリカでの政権交代——クリケットからベースボールへ

マサチューセッツ・ゲームのほかに、ニューヨーク・ゲームが追いつき追い越さなくてはならなかった、もうひとつの先行するライバルがいた。それはクリケットである。一八二〇年代から三〇年代、アメリカで最もさかんだったボールゲームがクリケットだったことは第Ⅳ章ですでに述べた。実をいえば、クリケット最初の国際試合アメリカ対カナダ戦はアメリカで開催されたほどなのである。メンバーが守るべき規約からゲーム・スコアの記録法にいたるまで、クリケット・クラブのあり方というものは、初期のベースボール・クラブ成立に少なからぬ影響を与えている。クリケット・クラブは参照すべきモデルとして機能したわけである。(8)

そもそもNABBPがめざしたのも、「ロンドンのメリルボン・クリケット・クラブがイギリス諸島のクリケット界において占めていたのと同等の指導的地位」(9)をアメリカのベースボール界において獲得すること、であった。どちらかといえば子どもの遊戯とみられていたベースボールが万人向けのチーム・スポーツへと変貌をとげるのに、クリケットは触媒の役割を果たしたと言えよう。[10] インド、オーストラリアといった英国の旧植民地では、現在でもクリケットがさかんである。もしも歴史の歯車が違った回転をしていれば、同じ旧植民地のアメリカがベースボール王国ではなく、クリケット大国になり得た可能性も充分にあったのである。

ニューヨーク・ゲームの台頭によってベースボールの人気が高まってくると、クリケット・クラブの多くが好奇心からニューヨーク・スタイルのベースボールをプレイするようになる。投げる、打つの基本は似通っているから順応は早い。じっさい、ベースボール・クラブとクリケット・クラブによる、いわば〝他流試合〟もよくおこなわれた。やがて、クリケットとベースボールを掛け持ちするプレイヤーが現れる。それがアメリカにおいてクリケットの王座が揺らぎはじめるきっかけとなったのかもしれない。

では、アメリカ国内でクリケットからベースボール（ニューヨーク・ゲーム）への政権交代はいつおこなわれたのだろうか。

例えば、『クリッパー』紙は、五六年十二月に「［クリケットは］アメリカ人のあいだで国民的ゲームと考えられている」という見解を示している。五八年に刊行されたあるスポーツ・マニュアルには、当時国民に好まれたアウトドア・スポーツの王者はクリケットだ、と書かれている。だがそのいっぽうで、五五年六月に『スピリット・オブ・ザ・タイムズ』紙が「［ベースボールが］随一の国民的ゲームになる見込みは十分にある」と予測し、前述のように五七年に「［ベースボールは］

図 20　イリジャン・フィールズでのクリケット風景（1859 年）

国民的気晴らし」という表現が新聞に現れている。六〇年には『クリッパー』紙が「[ベースボールは]いまや国民的ボールゲームと考えてよいだろう」と認めるに至っているのをみると、五〇年代半ばから風向きは確実に変わりはじめ、どうやら五〇年代後半にベールボールはクリケットと肩を並べ、遅くとも六〇年代初頭には両者の地位が逆転していたのではないか、との推測が成り立つ。[11] 五九年にクリケットの国際試合イングランド対アメリカ戦が本家の英国でではなく、ニッカボッカーズのホームグラウンド、イリジャン・フィールズでおこなわれた際には、実に二万四千もの大観衆を集めたが、それはクリケットがアメリカにおいて、表舞台から消え去る前に最後の輝きを放った瞬間だったのかもしれない。

幼少時からベースボール文化にどっぷり漬かってきた〝クリケット知らず〟としての偏見を恐れずに言えば、相次ぐルールの変更により次第にスピードアップの方向へ向かうとともに、よりダイナミックかつスリリングな要素も備わってきたベースボールに比べて、クリケットはいかにも進行がのろくて試合時間が長く、打者走者がウィケット間を往復するだけで動きが単調かつ拡がりを欠くように思える。結局、クリケットは大多数のアメリカ国民に魅力的とは映らなかった。試合時間についていえば、ベースボールとて、特にどちらかが100点を取るまでは終わらないタウン・ボールはクリケットと似たり寄ったりだったのだが、ニューヨーク・ゲームを母体にしたルール改革によって大きく変わったのだ。六五年に終結する南北戦争の後、爆発的なベースボール・ブームが巻きおこってクリケットが大きく水をあけられると、以後その差は縮まるどころか、広がるいっぽうとなった。

§4　影を落とす黒人問題

ベースボール界ではニューヨーク・ゲームの独占状態となり、ついにはベースボールといえばニューヨーク・ゲームで統一されるに至った。NABBPの加盟クラブ数も当初の二十二から順調に増えていき、五九年には五〇を突破する。しかも、五八年まではニューヨーク周辺のクラブに限られていたのが、五九年にはニューヨーク州北部とニュージャージー州からも加わるようになり、六〇年には全参加クラブの内訳が六つの州プラス首都ワシントンDCを含むまでに広がった。五〇年代に国民のあいだで健康への関心が芽生えてきて一種の健康ブームがおこり、きれいな空気、身体運動、そして〝男らしい〟スポーツが求められるようになったことも大きく作用したと考えられる。

アフリカ系（黒人）のあいだにも新しいゲームは広まった。黒人のクラブ同士の最初のゲームは六〇年の九月二十八日にあの〝聖地〟イリジャン・フィールズでおこなわれ、ウィークスヴィル・

オブ・ニューヨークがカラード（有色人種の意）・ユニオン・クラブに11対0で完勝したという記録が残っている。南北戦争後にはワシントンDCで黒人の政府職員たちがワシントン・ミューチュアルズを結成し、奴隷解放運動家にして雄弁家のフレデリック・ダグラスの息子チャールズ・E・ダグラスがアラート・ベース・ボール・クラブに加わっている[12]。

六七年には、フィラデルフィアのピシアンズというクラブがNABBPのペンシルヴェニア支部への加入を申請する。ところが、NABBPは同年末の総会で、メンバーに黒人を含むクラブは排除する旨の決議を採択し、ピシアンズに門前払いをくわせてしまうのである[13]。六七年といえば南北戦争はすでに終わっており、しかも奴隷制のない北部でのことなのに、何ということだろうか。人種差別、人種偏見にもとづく排他性がベースボールの世界にまで及んでいたのである。そうなると、黒人のクラブは黒人のクラブ同士でゲームをするしか選択肢がなくなってしまった。それでも、ナショナル・リーグを筆頭に全米に大小のプロ・リーグが乱立した一八八〇年代には、例外的に少数の黒人が白人のリーグでプレイした記録が残っている。

史上初の黒人プロはバド・ファウラー、初の黒人大リーガーはモーゼス・フリートウッド・ウォーカーである（ウォーカーが所属したアメリカン・アソシエーションは広義の〝大リーグ〟とみなされている）。やがて黒人プレイヤーは排除されて、黒人のクラブだけから成るリーグが誕生することになる[14]。

ベースボール界のこの人種隔離政策は、合衆国憲法の修正第十五条によって一八七〇年に黒人男

図21　初の黒人プロ、バド・ファウラー（最後列中央）

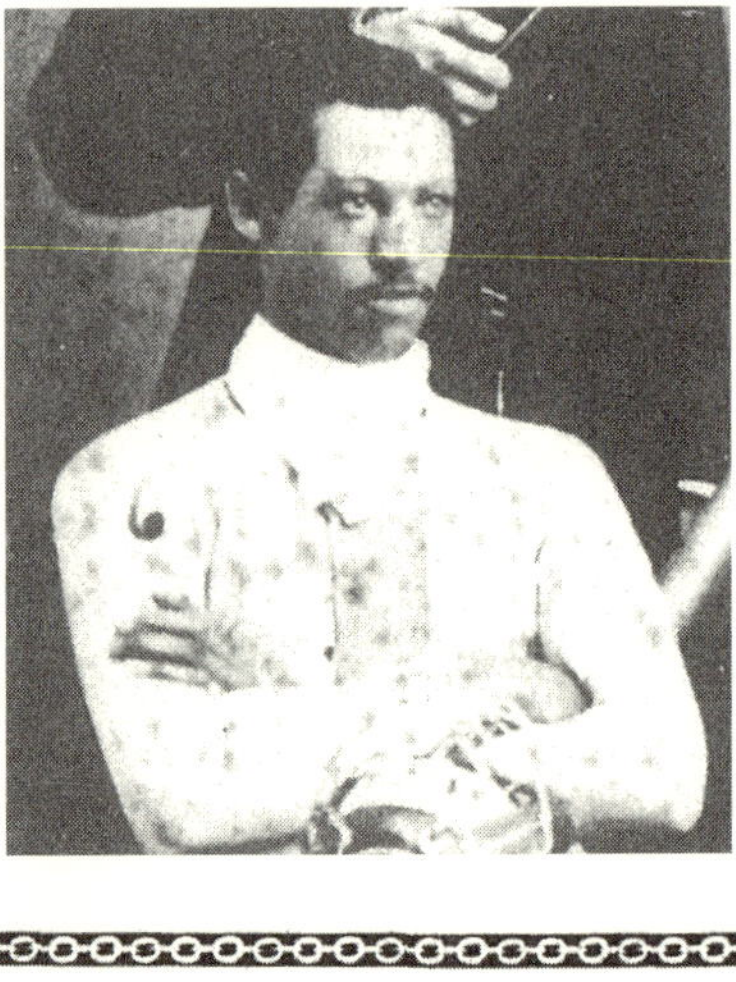

図22　黒人初の大リーガー、モーゼス・フリーウッド・ウォーカー

性に選挙権が与えられてからもなお、えんえんと続く。ニグロ・リーグ出身のジャッキー・ロビンソンがナショナル・リーグのブルックリン・ドジャーズに入団したことで、ようやく人種間の厚い壁が突き崩されるのは一九四六年のことである。

投票権に関して言えば、黒人男性より五十年も遅く、実に一九二〇年まで与えられることのなかった女性も、ベースボールには早いうちから取り組んでいる。女子大そのものがまだ稀少だった時代、一八六五年創立の名門ヴァッサー・カレッジは、何と開校二年目に早くも、八人制ながらベースボールをキャンパスでプレイしている。

§5　進む二層化――社交重視型vs勝敗重視型

南北戦争（一八六一～六五年）の影響で六三年にはNABBPの加盟クラブ数が二八（三州及びワシントンDC）にまで落ち込むが、戦争が終わった六五年には九一（十州及びワシントンDC）と、戦前を大きく上回る急激な伸びをみせる。翌六六年には十七州及びワシントンDCに分布する計二〇二のクラブが代表者を送り込むまでに急発展をとげたのである。六六年といえば、合衆国の州はまだ三六しかなかったが、そのうちの半分近い十七州である。次の年六七年には加盟クラブ数が約三〇〇に増え、その三分の一を中西部のクラブが占めるに至った。六八年には会長にシンシナティ（オハイオ州）のジョージ・F・サンズ、副会長にウィスコンシン州人が就任しているから、ニューヨーク・ローカルを脱して、名実ともに全国組織になりつつあったわけである。

西海岸への伝播も当時の交通事情から考えると意外に早かった。既述のように、ニッカボッカーズのカートライトとホイートンは、別々にではあるが同じ四九年にニューヨークからカリフォルニア（五〇年に州となるのでこの時点では准州にすぎない）へと旅立っている。カートライトはすぐにハワイへ渡ってしまうのだが、わずかな滞在期間中にニューヨーク・ゲームを教えた形跡がある（ホイートンの場合は目立った活動をしていないようだ）。カートライトのまいた種子は西海岸に根づき、先述のように五八年にカリフォルニア州初のベースボール・クラブがサンフランシスコに誕生、という形で結実するのである。

こうみてくるとNABBP（すなわちベースボール界）は順風満帆と見えるが、内部は決して一枚岩ではなかった。五〇年代末から次第に顕在化してくるのが、ベースボールの位置づけをめぐる対立である。ベースボール観のちがい、価値観や美意識のちがい、と言い換えてもよい。ニッカボッカーズを代表格とする古参のクラブは、あくまでも楽しみ、運動、自己修養のためにプレイするのであって、ゲームよりもゲーム後の会食、パーティといったクラブ相互の親睦、社交面に重きを置いていた。彼らにとってベースボールは紳士のスポーツであり、ベースボール・クラブは社交団体であった。それに対し、新興のクラブは勝つことを至上の目的とし、遊び半分（というと古株のクラブに失礼だが）ではなく、真剣に練習を積んで技量を上げようとする傾向があった。かくしてNABBP内のクラブは伝統を墨守する社交重視型と、伝統破壊的な勝敗重視型の二派に分かれてゆく。

中流ホワイトカラーのクラブであるニッカボッカーズが労働者階級のチームとの対戦をいやがっ

図 23　ゲーム前の集合写真（1858 年）　山高帽姿のアンパイアをはさんで、右がニッカボッカーズ、左がエクセルシオールズ

たという話が伝わっているが、相手が労働者だから差別意識によって忌避したというよりもむしろ、勝つために目の色変えるプレイ態度、勝負にこだわる姿勢に相容れないものを感じとり、関わりを避けたがったのではないだろうか。勝利が最優先事項となればマナーは悪くなり、勝ちにこだわるあまりに過熱状態になった結果、手段を選ばず汚いプレイに走る、といった弊害も出てこよう。極端な場合には、対戦する両クラブ間に険悪な空気すら漂いかねない。皮肉なことに、一八五〇年代末から六〇年代末まで全米屈指の強さを維持しつづけたアトランティックスは、まさしくそういった労働者階級のクラブだった（なるほど、NABBPの記録をみる限り、ニッカボッカーズとアトランティックスの対戦は一度もない）。

六〇年代に入ると、両極分離の傾向はいっそう進み、後発の勝敗重視型が多数派を形成しはじめる。チーム強化のためには、すぐれた技量の持ち主ならば、メンバーの等質性が高いクラブにとってたとえ異分子のような存在であろうとも加入させる、ということも珍しくなくなってくる。それでもなお、ニッカボッカーズはチャンピオンシップ争奪のためにプレイすることに批判的な姿勢をくずさず、もちろんみずからが参加することも拒否していた。

六〇年代半ばになると、どのクラブもチャンピオンシップの獲得をめざしてプレイするのが当たり前になってきた。それにともない、各クラブ内では選手の階層分化が進む。メンバーの数が増えてくると、一軍、二軍の区別だけではなく、技量に応じて上から「ファースト（トップ）・ナイン」（レギュラー、一軍にあたる）、「セカンド・ナイン」、「サード・ナイン」、そして一番下位の「マフィン」まで細分化されるようになった。[15] というより、そうせざるを得なくなってきたのである。大リーグを頂点として3A、2A、1A、ルーキー・リーグとピラミッド型階層構造をなす現行システムの母型が、この時点ですでに生まれていたのだ。技量によって階層化した勝利最優先型クラブと、ニッカボッカーズが代表する社交・健康優先型クラブとでは、資本主義爛熟期の格差社会と原始共産制社会くらいの大変なちがいがあったかもしれない。見方を変えれば、クラブというベースボール共同体が社会として成熟してきた、と言えるだろう。

六〇年代末には、「ファースト・ナイン」、つまりトップ中のトップ層とそれ以下との実力格差はますます広がるに至った。ピラミッドの頂点にいるエリート層の力が突出してきたのだ。勝敗軽視主義のニッカボッカーズが煙たがられ、NABBP内で次第に居場所をなくしつつあったとしても不思議ではない。

もちろん、NABBP発足当初はゲームの勝ち負けに大した意味はなく、ましてやどのクラブが一番強いかということなど、まったくの関心外だった。それが、五八年になるとニューヨーク（現在のマンハッタン地区）とブルックリンという地区間の対抗意識がにわかに強まり、前述のように選抜チーム同士の対戦が組まれ、たいへんな話題を呼ぶことになる。翌五九年はブルックリンの四クラブが他を圧倒する成績を残し、ブルックリン地区のレベルの高さを印象づけたが、単独のクラブとしての強さも注目されるようになり、チャドウィックはアトランティックスが最強であるとのお墨付きを与えている。六〇年代に入ると、それまで無関心だったNABBPも実力ナンバーワンを決める方式を考え出す。すなわち、NABBPがチャンピオン候補と認めた二つのクラブが、ホームとアウェイで一試合ずつ戦う（一勝一敗の場合は中立地で決着戦をおこなう）やり方である。王者になれば、翌年は同じ二勝先取方式で有力候補の挑戦を受けるのである。

しかし、その方式は十全に機能したとは言い難く、チャンピオンの決定には曖昧さがつきまとった。なぜなら、そもそもチャンピオンシップを争う二つのクラブを決める確固たる基準が存在しなかったからである。総当たりのリーグ戦がおこなわれたわけではないから、当然各クラブの試合数も対戦相手の強弱もまちまちで、戦績を比較することに必ずしも意味はなかった。そのため、ナンバーワン決定戦に出場するクラブが不可解な理由で決められたこともあったし、強豪クラブ同士が一勝一敗なのに決着戦が組まれなかった年もある。ひどい時には、チャンピオン候補同士の直接対決がないのに、NABBPが恣意的にチャンピオンを認定したことすらあった。このあたりの、最強クラブ決定システムの不備が、のちのリーグ組織誕生への伏線となるのである。

§6 バッター天国——草創期のモダン・ベースボール

草創期のモダン・ベースボール（ニューヨーク・ゲーム）は、とにかく打者が思い切り打って、それで点数を競うという、打者中心、打者偏重のゲームだった。何しろ自分の気に入らない球は打たなくてよく、打ちやすい球が来るまで好きなだけ待てるのだ。現代でいえば主力打者の調整のために専門のバッティング投手が献身的に投げつづける打撃練習のようなものである。敵味方に分かれているとはいえ、投手だけは敵というよりも協力者の性格が強かった。当初21点先取制が採用されていたことからも、いかに打撃中心のゲームだったかがわかるだろう。21点以上の得点が入ることを前提としていたのである。となれば、とにかく打者がバットを振らないことには話にならないし、試合時間も長くなってしまう。まかりまちがって0対0の息づまる投手戦（貧打戦）、というようなことになったら、それこそ一大事。したがって、どんどん打ちやすい球を投げて打者に気分よく打たせるのが好投手の条件だという、現在とは正反対のような珍現象がしばらく続いたのである。おそらく全力投球などというものはこの時期にはなかったろう。じっさい、ルール上も投手は肘を曲げずに腕をまっすぐに伸ばしたままで、手首も固定して、実に窮屈な状態でボールを投げなくてはならなかった。

図24　当時の投手の投球フォーム

確かに、勝敗よりも社交・親睦を優先している間はそれでよかった。自分が打ちやすいと思うところにボールを投げてもらい、思い切り打つ。相手チームにも同じように打ちやすい球をほうってあげて思う存分に打撃力を発揮してもらう。気持ちよくスウィングすることが重要で、あとは守備の問題である。グラウンドでは思うさま打って、守って、走って、いい汗をかけばそれで十分。気分が爽快になったあとは楽しいパーティが待っている。かつては、シーズンオフの冬場にダンスパーティ、スケート大会、晩餐会などを催しているから、ベースボール専門のクラブというより社交団体としての性格の方が強かった。勝敗は打撃力と守備力の差で決まるが、結果はあまり気にしない。試合に備えてすることといえば、打撃と守備の練習をすることくらいだった。

しかし、次第に勝ちを重視するようになるとそうは言っていられなくなる。勝とうと思うなら、相手にはできるだけ打たせないようにし、味方だけが打ちまくる必要がある。それなのに当時の暗黙の了解にしたがうなら、相手打者を抑え込むことは最初から諦めなくてはならない。そこに根本的な矛盾があることは明らかである。投手が打者への献身的な奉仕者から脱却して、逆に何とか打たせまいとして精魂を傾ける、不倶戴天の敵対者になるのは自然な成り行きであった。ソフトボールの一流投手を見ればわかるように、下手からでも驚くほど速い球を投げるのは十分に可能である。体感速度時速一六五キロといわれる女子ソフトボールの鉄腕・上野や、人類史上最高の一六九キロを誇るアロルディス・チャプマンがかりに当時にタイムスリップして登板したとしたら、当時のプレイヤーたちはそのスピードに、驚愕のあまり腰を抜かすにちがいない。しかも当時は投手にとって幸いなことに、投手ーホームプレート間は現行の六〇フィート六インチ（約十八・四四メートル）より五メートル近くも短い四五フィート（約十三・七メートル）しかなかった。信じがたいことに、これは一八七六年にナショナル・リーグが発足してからもかなりのあいだ続き、六〇フィート六インチに延長されたのは一八九三年のシーズンからなのである。

スピードは強力な武器である。これまで楽をしてきて、ゆるく打ちやすい球に慣れた打者たちは、手加減なしの速球に対応しきれず、さぞや苦しんだことだろう。さらに投手たちは、ボールの握りを変えることで微妙な変化を生み出したり、打者のタイミングを外したりすることも覚えたにちがいない。投手は打者への隷属状態から解放されて、自由奔放にその技量を発揮できるようになった。好投手の条件は、手加減してできるだけ打ちやすい球を投げることから、持てる力をフルに使って相手打線を抑えることへと変わったのである。

そうなると、打者としても安閑としてはいられなくなる。投球技術の進歩に対抗して、打撃技術やパワーに磨きをかけるようになる。すると今度は投手もそれに負けまいと、さまざまな創意工夫をこらす。かくして、投手と打者が互いに切磋琢磨することにより、ベースボールそのもののレベルが上がっていった。

図25　史上初めてのスーパースター、ジム・クレイトン

§7　ベースボール史上初のスーパースター誕生！

この、投手の地位が向上していった時期、つまり打者の従属者、引き立て役から打者と対等の好敵手へと変わりつつあった時期に、ベースボール史上初めてのスーパースターが誕生する。それがジム・クレイトンである。クレイトンこそは投手の地位を引き上げるのに決定的な役割を果たしたプレイヤーだった(16)。

一八四一年マンハッタンに生まれ、ブルックリンで育ったクレイトンはハリー・ライトと同じセント・ジョージ・クリケット・クラブでクリケット選手としてスタートする。クリケットの力量も傑出していたという。地元のナイアガラ・クラブ（以下、ナイアガラズと略す）という、結成後間もない新興のベースボール・クラブに加入したのは十六歳の時だった。

一八五九年、ブルックリン・スター・クラブ（以下、スターズと略す）との試合で、クレイトンはリードを許した五回から登板し、それまでの投手の概念をくつがえすピッチングを披露して一躍脚光を浴びることになる。たまたま観戦していたアトランティックスのキャプテンの述懐によれば、クレイトンが低い位置から素早く投じたボールはグンと浮き上がったかと思うと、打者の肩あたりの高さを通って捕手の両掌（まだミットは使われていない）におさまったという。実は、クレイトンは腕をわずかに曲げ、手首のスナップを効かせていたのである。明らかな違反投球なのだが、その手口がよほど巧妙だったのか、アンパイアも相手チームも抗議の声を上げるどころか、あっけにとられるばかり。そんなスピードボールはそれまでにどんな打者も見たことがなかったはずだ。

これはとても打てそうにないと危機感を抱いたスターズは、なりふりかまわず勝ちに出る。すなわち、どこへいくかわからない猛烈な荒れ球の持ち主をリリーフに送るという、掟破りの行為に出たのである。思ったところに投げられないのは当時としては明らかに投手失格である——もちろん現代でも一流投手にはなれないが。つまり、ノーコンの投手との対戦経験などあるはずがないから、ナイアガラズ打線は勝手が違ってさっぱり打てない。かくして、両軍とも打線が沈黙する仕儀となり、スターズはリードを守り切ってかろうじて逃げ切りに成功する。

逸材ぶりを認められたクレイトンは、ナイアガラズでもう一試合投げたあと、相手のスターズに移籍することが決まった。スターズでは五勝一敗を記録。そして翌六〇年には、エクセルシオールズの誘いを受けて、さっさと鞍替えしてしまう。エクセルシオールズは、五九年にチャドウィックが全米王者と認めた同じブルックリンのアトランティックスに強烈な対抗意識を燃やしており、有力な人材のスカウトに熱心だったのだ。無名のローカル・クラブからトントン拍子にトップクラスのエクセルシオールズまで駆け上がるという、異数の出世ぶりをみただけでも、投手クレイトンの実力がどれほど高く評価されていたかがわかるだろう。

五〇年代にはルールの範囲内で何とか打者を牛耳ろうと、投手は緩急をつけたり、ボールの軌道を変えたりと、さまざまな工夫をこらした。四球のルールがないのをよいことに、わざと打ちにくい球ばかり抛って打者がじれるのを待ち、しまいには悪球に手を出させて打ちとる、という頭脳作戦も編み出された。しかし、クレイトンのように力で打者をねじ伏せようという投手はいなかった。まさにコペルニクス的な転回と言える。しかも、当時の投手が立つ位置は現在より五メートル近くもホームベース寄りだった。近距離からの速球は打者にとって脅威だったろう。

見たこともないスピードボールを抛る投手としてクレイトンは賞賛の嵐を浴びるのだが、なかには「ルール違反の不正投球ではないか」とクレームをつける者もいる。そこで、六〇年八月四日、『ブルックリン・イーグル』紙はクレイトンが登板するゲームに記者を派遣し、投球が合法かどうか調査することにした。結果はシロと出て、クレイトンは晴れて青天白日の身となった[17]。わざわざ投法を調べに来た記者の眼をあざむくくらいだから、不正投球を合法に見せる腕前も天才的だったようだ。

とはいえ、スピードだけではそのうちに打者の方も慣れてくる。そこでクレイトンはスローボールを織り交ぜて緩急をつけはじめたから、速球だけでも手を焼いていた打者の面々はますます幻惑

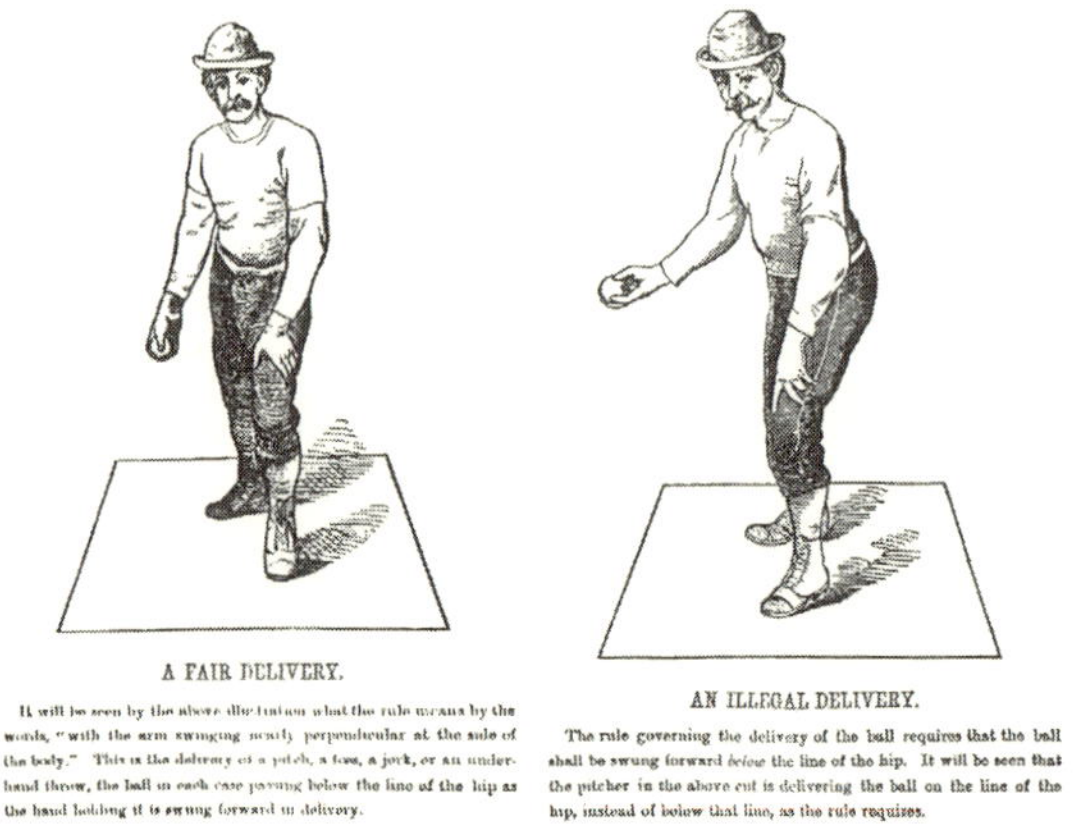

図26　正規の投球（左）と不正な投球（右）
当時のベースボール・ガイドブックより

され、攻略の糸口を見出すのはさらに難しくなった。

クレイトンを獲得したエクセルシオールズは、六〇年の六月から七月にかけて、ニューヨーク州内のオルバニー、トロイ、バッファロー、ロチェスター、ニューバーグの各都市を十日間にわたって転戦した。ベースボール・クラブとしては史上初の遠征である。連戦連勝だったのは言うまでもない。七月十九日には地元ブルックリンに戻って一万を数える観衆の前で宿命のライバル、アトランティックスと相まみえ、これを23対4と木っ端微塵に打ち砕いた。この年のエクセルシオールズは十八勝二敗一分け、年間王者と称しても差し支えない好成績を残した。

図27　エクセルシオールズ・ナイン（左から3人目がクレイトン）

クレイトンはその全試合に投げ、勝っても10点20点取られるのは当たり前だった時代に、一試合平均失点七・六という数字を残している。対セント・ジョージ・クリケット・クラブ戦ではNABBP史上初の完封勝ちを記録している。エクセルシオールズの快進撃はクレイトンに負うところが大きかったと言えよう。ベースボールがスポーツとして未成熟で、まだまだプレイも牧歌的な時代だっただけに、一人のスーパースターの力でいとも容易にチーム力は飛躍的な上昇をみたのである。

翌六一年には南北戦争の影響でプレイヤー不足となったため、エクセルシオールズは対外試合をまったくおこなっていないのだが、十月に観衆一万五千を集めた大一番のシルバー・ボール争奪オールスター戦で、クレイトンはブルックリン選抜の一員として登板し、ニューヨーク選抜打線を6点に抑えて勝利をおさめている。最後のシーズンになった六二年にはむしろ打者としての活躍が目立っていて、試合数は不明なものの、ヒットが出なかったのはわずかに四打席だけだったという驚嘆すべき記録が残る。六〇年七月二二日にはレフトを守り、走者二、三塁の場面でフライをスーパーキャッチし、トリプルプレイの達成に貢献している。[18]『クリッパー』紙はクレイトンを、最高の投手であり、打撃と守備においても並ぶ者がなかった、と手放しで称賛している。[19]

投げても打っても（そして守っても）トップクラスのスター。クレイトンこそは、かつて高校野球の定番だった「エースで四番」の先駆的な存在と言えよう。投打両面に秀でることは、ベースボールの申し子たる何よりの証しである。投手としても卓越していたベーブ・ルースがすぐに思い浮かぶ。日本球界でも、伝説的な景浦將しかり、甲子園の優勝投手であった藤村富美男や王貞治、準優勝投手の川上哲治しかり。軽々と一四〇キロ台後半の速球を投げられるイチローしかり。投手ながら通算三〇本を超える本塁打を放った金田正一や米田哲也。野手顔負けのバッティング・センスの持ち主であった堀内恒夫、江夏豊、桑田真澄らもまたしかり。春夏連覇の横浜高校で四番を打った松坂大輔、二刀流に挑戦中の大谷翔平（北海道日本ハム・ファイターズ）も忘れるわけにはいかない。彼らはみな、クレイトンを元祖とする、稀有な才能に恵まれた選ばれしベースボールの申し子たちの栄えある系譜につらなっているのだ。[20]

§8　ベースボールの殉教者――クレイトン

クレイトンはその死まで、ベースボールの神様がシナリオを書いたとしか思えないほど、華々しくもドラマチックだった。六二年十月十四日、エクセルシオールズはサウス・ブルックリンにあるホームグラウンドでモリセイニア・ユニオンズを迎えうった。クレイトンは四打席連続で二塁打を放って打棒好調を維持していた。ところが、七回の五打席目にホームランを打った際、思いがけないアクシデントに見舞われる。スウィングした瞬間にプツンと何かが切れるような音がしたのだ。クレイトンは「ベルトが切れたらしいな」とつぶやきながらベースを一周した（一説によれば、ホームインしてから同僚に、「ベルトが切れたにちがいない」と言ったという）。その時点では当のクレイトン自身を含めて、誰一人として異変に気づいた者はいなかったのだが、どうやら音がしたときに脾臓か膀胱が破裂したらしい。その後出血して手のほどこしようがなくなり、ゲームから四日後にクレイトンは帰らぬ人となってしまうのである。二一歳六ヵ月の若さだった。手首をほとんど返さずに上半身を異様に強くねじってバットを振る独特の打撃スタイルだったのが災いし、内臓に極度の負担をかけたのが原因ではないか、と現在では推測されている。

それにしても、ホームランを打ったのが原因で命を落とすとは、何という壮絶にしてヒロイックな最期だろうか。もしもベースボール界にカトリックと同様の制度があるならば、クレイトンは聖人に列せられてしかるべきホームランの殉教者と言えるだろう。プレイヤーの悲劇的な死といえば、頭部に死球を受けて翌日死亡したレイ・チャップマンがまず思い浮かぶ。戦後間もなく巨人の四番を打った黒沢俊夫は、シーズン中に現役のまま病死してしまうのだが、「巨人軍のユニフォームを着せて葬ってほしい」という、涙を誘わずにはおかない遺言を残し、その背番号四が永久欠番となった[21]。また、ルー・ゲーリッグは不治の難病におかされ、歴史に残る感動的な惜別のスピーチを残して現役を引退し、その後二年足らずで世を去った。映画化もされたほどその悲劇性は際立っている。

だが、やや脚色されている気味があるとはいえ、クレイトンのドラマチックな死ときたら、チャップマン、黒沢、ゲーリッグのケースとは異質の、野球マンガの世界でしかお目にかからないような出来事である。いや、野球マンガですら、星飛雄馬の大リーグボールを打ち砕いた花形満はその身体に代償を負うが、死にまでは至らなかった。唯一、ライバル打者を打ち取った直後にマウンド上で息絶えた『侍ジャイアンツ』の番場蛮がクレイトンに匹敵するといえようか。

飛び抜けた才能、短すぎた活躍の期間、あらがい難い力によって断たれた現役生活、夭折、そして死後の神話化。クレイトンの生涯には、あの伝説の投手、沢村栄治のそれと共通する要素がいくつもある[22]。

どんなジャンルも、彗星のごとく現れたスーパースターによって牽引されることで、マイナーの域を脱して飛躍的な発展をとげる。死して伝説となったクレイトンの場合はあまりに活躍の期間が短すぎて、残念ながらベーブ・ルースのようにベースボール人気の大爆発を引き起こすまでには至らなかった。しかし、彼の凝縮された現役生活のうちに、当時のベースボール界を特徴づけていた三つの要素を読み取ることができる。すなわち、突出したエリート層の存在、勝利優先主義、そしてプロフェショナル化である。

クレイトンが、存立すらあやうかった弱小ローカル・クラブを振り出しに屈指の強豪エクセルシオールズにまでステップアップしていったのは、たんなるきれいごとのシンデレラ・ストーリーではない。もちろん確たる証拠はないものの、裏で金銭が動いた形跡が濃厚なのだ。クレイトンほどの突出した技量の持ち主であれば、何よりも勝利を欲するクラブが注目しないはずがなく、水面下で激烈な争奪戦が演じられたであろうことは想像に難くない。結局はエクセルシオールズが獲得したとはいえ、アトランティックスもキャプテンがクレイトンのセンセーショナルなピッチングをまのあたりにしているのだ。指をくわえてながめていたとは信じ難い。ことばとか誠意による勧誘だけですまないとなれば、エクセルシオールズ単独で、もしくは複数のクラブからそれ相応の条件がクレイトンに提示されたとしても不思議はない。まさしく売り手市場。現代ふうにいうなら、クレイトンは規制が一切ない、やりたい放題のフリー・エージェントの権利を取得したようなものだ。クレイトンはじっさいにサラリーをもらっており、実質的なプロ選手第一号であった、とする説もある。

クレイトンのようなトップ中のトップであるプレイヤーは引く手あまたの人材であり、その高い技量と高い需要に見合うだけの報酬を受け取るのは当然といえば当然だろう。クレイトンが体現していた超エリート層の存在、勝利至上主義、そしてプロ化の三つの要素は密に絡み合って、その後のベースボール界に大規模な地殻変動をもたらすことになるのだ。

註

（1）John Freyer and Mark Rucker, *Peverelly's National Game* (Charleston, Arcadia, 2005), pp. 12-14.

（2）Benjamin G. Rader, *Baseball: A History of America's Game* (Urbana and Chicago: University of Ilinois Press, 1994), p. 5.

（3）一八五〇年代当時はまだ、マンハッタン、ブルックリン、ブロンクスなどが現在のように「ニューヨーク・シテイ」として一括されていたわけではなく、ニューヨークといえばマンハッタン地区のみを指していた。

（4）実を言えば、チャドウィックはそれまで主に音楽教授、ダンス音楽の作曲・編曲で生計を立てていたのである。Thorn, *Baseball in the Garden of Eden*, p.116.

（5）Tom Melville, *Early Baseball and the Rise of the National League* (Jefferson, and London: McFarland, 2001), p. 13.

（6）Harold Seymour, *Baseball: The Early Years* (New York: Oxford University Press, 1960), p.38.

（7）Warren Goldstein, *Playing for Keeps: A History of Early Baseball* (Ithaca: Cornell University Press, 1989), p.12; Robert F. Burk, *Never Just a Game: Players, Owners, and American Baseball to 1920* (Chapel Hill, The University of North Carolina Press, 1994), p.14.

（8）ただし、ユニフォームは消防団の制服をモデルとしており、クラブの紋章（多くはイニシャル）をあしらった飾り布をシャツの胸につけるのを特徴としていた(Goldstein, *op.cit.*, p.30)。次頁の図28を参照されたい。

（9）George B. Kirsch, *Baseball and Cricket: The Creation of American Team Sports, 1838-72* (Urbana and Chicago: University of Illinois Press, 1989), p. 63.

（10）Robert M. Lewis, "Cricket and the Beginnings of Organized Baseball in New York City," *International Journal of the History of Sport* 4 (1987) : 317.

（11）*Ibid.*, pp. 325-27.

（12）Burk, *op.cit.*, p.34. 六七年七月にはダグラスが息子の試合を観戦におとずれた、と『クリッパー』紙が報じている。Thorn, *Baseball in the Garden of Eden: The Secret History of the Early Game* (New York; Simon & Schuter, 2011), p, 129.

（13）Burk, *op. cit.* p.35.

（14）Robert Peterson, *Only the Ball Was White : A History of Legendary Black Players and All-Black Professional Teams* (New York and Oxford: Oxford University Press, 1970), pp.16-29. みずからも黒人プレイヤーの草分けのひとりで、黒人ベースボールについての先駆的な著作を残したソル・ホワイトによれば、一八八七年には各地のリーグで合計二〇人もの黒人がプレイしていたという。*Sol White's History of Colored Baseball with Other Documents on the Early Black Games, 1886-1936* (Lincoln and London: University of Nebraska Press, 1995), p. 76.

（15）Goldstein, *op. cit.*, p.17.

（16）ジム・クレイトンについては以下による。Mark Alvarez, *The Old Ball Game* (Redefinition, 1990); Mark

D. Rucker, "Jim Creighton," *Nineteenth Century Stars* (Kansas City: The Society for American Baseball Research, 1989); John Thorn, "Jim Creighton (1841-1862)" (http://www.19cbaseball.com/players.htm); Thorn, *Baseball in the Garden of Eden*, pp. 122-127; Marshall D. Wright, *The National Association of Base Ball Players, 1857-1870* (Jefferson and London: McFarland 2000).

（17）*Nineteenth Century Stars*, p. 32.

（18）James Charlton ed., *The Baseball Chronology: The Complete History of the Most Important Events in the Game of Baseball* (New York: Macmillan, 1995), pp.14-15.

（19）Wright, *op. cit.* p. 66.

（20）かつての高校通算本塁打記録保持者にして堂々たるエースとしても高校球界に君臨した

図28　アトランティックス・ナイン（1868年）

中田翔（大阪桐蔭高—北海道日本ハム・ファイターズ）や、甲子園で球速一五四キロを記録しながらもプロでは内野手として活躍している今宮健太（明豊高—福岡ソフトバンク・ホークス）、投球のみならず打撃もハイレベルな安楽智大（済美高）も、この系譜につらなる候補者としての、少なくとも資格だけは十分にあるはずだ。

(21) 黒沢俊夫については、新宮正春・米田厚彦『プロ野球を創った名選手・異色選手』（講談社、一九九九年）、三六一頁。

(22) 沢村栄治の球歴は、全米オールスターを向こうにまわしての快投や三度のノーヒットノーラン、優勝のかかった阪神戦での三連投によって華々しく彩られているが、プロでの実働は召集をはさんでのわずか五年にすぎず、通算成績も六三勝二二敗でしかない。

図版出典

図20 P. David Sentance, *Cricket in America, 1700-2000* (Jefferson and London: McFarland, 2006), p.17.

図21 Robert Peterson, *Only the Ball Was White*, p.20.

図22 *Ibid.*, p.22.

図23 Thomas Gilbert, *Elysian Fields: The Birth of Baseball* (London: Franklin Watts, 1995), p. 33.

図24 Dan Gutman and Tim McCarver, *The Way Baseball Works* (New York: Simon & Schuster, 1996), p. 152.

図25 *Peverelly's National Game*, p. 39.

図26　David Quentin Voigt, *Baseball: An Illustrated History* (University Park and London: The Pennsylvania State University Press, 1987), p. 19.

図27　Alvarez, *The Old Ball Game*, p. 139.

図28　George Ward and Ken Burns, *Baseball: An Illustrated History* (New York: Alfred A. Knopf, 1994), p. 9.

第Ⅶ章　All Roads Lead to Professionalism：プロへの道

§1　プロは〝紳士〟にあらず？

そもそも勝つことを第一の目標に掲げるなら、何がなんでもチームを強くしなくてはならない。チームを強くするには、質量ともに充実した練習、優れた指導者、戦法、戦術といったものもむろん重要だが、それよりも何よりも能力の高いプレイヤーを集めることである。優秀なプレイヤーが揃っていれば、監督が乏しい戦力のやりくりに頭を悩ます必要もない。現在の大リーグでも、リーグ優勝したりワールド・シリーズを制したりするのは、たいていがフリーエージェント制度を活用して戦力補強に成功した球団である。ニューヨーク・ヤンキースあたりは、レギュラーの年俸総額が高ければ高いほどチームは強い、つまり年俸総額が二十六球団中最高であればワールド・チャンピオンになれる、と信じて疑わないように見える。高校野球でも、いくつかの例外はあっても、強豪校、甲子園常連校といわれるところは、リトルリーグや中学時代に実績を残している有能な人材をスカウトして集中的に入学させているのが実情である。サッカーでも、バルセロナFC、レアル・マドリード、ACミラン、マンチェスター・ユナイテッド、FCバイエルンといったビッグ・クラブの基本方針はまず世界じゅうから優れた選手を集めることで、それは露骨なまでに徹底している。要するに、クラブとはいうものの、実体は世界選抜チームなのである。

例外は、独自の基準によって若い原石を発掘し自前でダイヤモンドに磨き上げて他球団に高く売る、というシステムで有名になったオークランド・アスレティックスだろう。(1) あとは、〝魔術師〟三原脩監督の手腕によって弱小ローカル球団から最強の野武士軍団に生まれ変わった西鉄ライオンズ、西本幸雄監督が生え抜きの選手を鍛え上げて黄金時代を築いた阪急ブレーブス、そしてサッカーでいえばイビチャ・オシム監督時代のジェフ千葉、ネルシーニョ監督の柏レイソルくらいだろうか。野村克也・元楽天監督のように、戦力の劣るチームを率いて強いチームを倒すことに生き甲斐を感じるようなへそまがりもいないわけではないが、しょせん少数派にすぎない。

かつて、レアル・マドリードは〝銀河系〟のスーパースター級ばかり集めすぎてチームとしてのバランスを崩してしまったし、他球団の四番打者をかき集めた読売ジャイアンツもチームとしてはうまく機能しなかったという例外もあるにはあるが、複雑化、高度化した現代のプロスポーツ界でもプレイヤーの質を重視するのだから、単純な初期ベースボールの世界では、なおさらメンバーの顔ぶれが勝敗を大きく左右したことだろう。

草野球などでも実力拮抗したヘボ同士の対戦となると、有能な助っ人を呼んできた方が勝つ確率が高い。それと同じで、一八五〇年代、六〇年代のアメリカでも、地道に生え抜きを育て上げるのが本筋だろうが、目先の勝ちがほしいとなれば、長期的展望などと悠長なことは言っていられない。うまいと評判の既成プレイヤーをとりあえずどこかから調達してくる方が手っ取り早い。将来性のある若手をスカウトして時間をかけて鍛え上げるより、プレイヤーとして完成している外部人材を補強する方が即効性の高いやり方であることは誰にでもわかる。ただそうすると、たとえ当の助っ人が年端もゆかぬ子どもであろうとも、小遣い程度はやらなくてはならず、ある程度以上の年齢であれば、それなりの謝礼を出すことになる。その都度助っ人を頼むのは面倒で、これと目をつけたプレイヤーを囲い込んでクラブの専属にしてしまえば話は簡単だから、しかるべき金額で一定期間の専属契約を結ぶ――それを堂々と表に出すか、あくまで裏取引にとどめておくかはまた別問題であるが。

かようにして、ベースボールで給料をもらうプレイヤー、実質的なプロが誕生するのは必然の理である。すでにふれたが、あのジム・クレイトンを、サラリーを受け取ったプレイヤー第1号とする説もある――むろん、おおっぴらに受け取ったわけではなかったにしても。実際、クレイトンの時代には、プレイヤーが水面下で報酬を受け取ることが珍しくはなかった。本格的なプロ化はもうほんのすぐそこである。

一八六八年、公式な形でのプロの導入はもはや避けられないところまできていた。なぜなら、NABBPの総計一〇万ドルの入場料収入がトップクラスを構成する数クラブの懐に入っており、クラブが一流プレイヤーに報酬を与えることは公然の秘密となっていたからだ。ニューヨーク・ミューチュアルズ、ブルックリン・アトランティックス、フィラデルフィア・アスレティックス、モリセイニア・ユニオンズといった創設の古い東部の有名どころは、すでにプロのプレイヤーを抱えていたのである。NABBPはプロのプレイヤーが試合に出ることを禁じていたものの、そのルールがもはや有名無実になってしまったことを悟らざるを得ない。そこでついに、六八年十一月、禁令を破棄し、メンバーをプロとアマチュアに厳然と分かつルールを新たに制定する。すなわち、「金銭のためにプレイする、もしくはプレイの報酬をいかなる時でも受け取る意思のある者はすべてプロのプレイヤーとみなす。その他のプレイヤーはすべてアマチュアとみなす」という一項であった。(2) ちなみに当時は、サラリーを受け取る「プロフェショナル」に対して、アマチュアは「ジェントルマン」とも呼ばれていた。してみると、プロとは紳士にあらざる者、何やら胡散臭い存在と思われていたのかもしれない。

ともあれ、総本山のNABBPが譲歩したとなると、全員が「プロフェショナル」から成る純然たるプロフェショナル・ベース・ボール・クラブの誕生はいまや時間の問題と思われた。下馬評では、その先陣を切るのはニューヨークのミューチュアルズ、アトランティックスといった、レベルの高い東部の老舗クラブであろうと言われていた。それもむべなるかな。合衆国はもともと東から植民されていったわけで、この当時も、人口にしろ、政治にしろ、経済にしろ、産業にしろ、国の重心は東に片寄っていた。当時の西部はカリフォルニアやオレゴンではなくオハイオ、インディアナ、イリノイ、ミズーリなどの、現在でいう中西部諸州を指していたわけだが、クラブの実力も東高西低の傾向が顕著だったのである。たとえば、アトランティックスは六八年におこなった西部（つまり中西部）遠征で、デトロイト、シカゴ、クリーブランドのクラブを相手に、40対7、49対17、85対11と圧勝して、圧倒的な力の差を見せつけている。

かつては高校野球でも——現在ではすっかり勢力地図が塗り替わり、新興校の躍進がめざましいが——地域格差が激しく、関東、東海、近畿、四国、中国地方にあるいわゆる野球先進地の伝統ある名門校が幅をきかせ、北海道、東北、北陸、信越といった寒冷地や沖縄のチームがなかなか勝てないという時期が長らく続いたものだ。サッカーW杯でも、一九三〇年の第一回大会以来、欧州と南米が優勝を独占している。それらと同じように、当時のアメリカ球界でも歴然たる東西格差がみられたのである。

ところが、最初に全員プロ化を実現した都市は、大方の予想に反してオハイオ州のシンシナティだった。シンシナティは、一八四五年のマイアミー エリー運河の開通以来、食肉と穀物の集散地として栄え、地元民は「西部のクイーン・シティ」と誇らしげに称し、よそからはポーコポリス（「豚肉《ポーク》」と「都市《ポリス》」の合成語）と軽侮の念をこめて呼ばれていた都市だが、ベースボールとはほとんど無縁の後進地といってよかった。シンシナティでの最初のニューヨーク・ルール採用クラブは、六〇年にシオドア・フロストとマシュー・M・ヨーストンの二人が高校生やビジネスマンを集めて結成したライヴ・オーク・ベース・ボール・クラブであった。このライヴ・オークスのメンバーが奔走した甲斐あって、バックアイズ（バックアイはオハイオの州花トチノキ）、エクセルシオールズ（もちろん、ブルックリン・エクセルシオールズとは別のクラブ）という二つのタウンボール・クラブもニューヨーク・ゲームに転向する。ようやく下地はできた。

§2 チャンピオンの野望

さてここで、アーロン・バー・チャンピオンという、いささか出来すぎた姓を持つ商才にたけた若き弁護士が登場する。それまでユニオン・クリケット・クラブの経営に携わっていたチャンピオンが、地元のトップに君臨していた先輩クラブ、バックアイズに対する強烈なライバル意識からベース・ボール・クラブの経営に乗り出したことで、流れは一気に加速する。民主党の党大会代議員でもあり、政治家としての一面も併せ持つチャンピオンは、シンシナティという都市を全米に売り込むためにベースボールを利用できると踏んだのだった。

図29　アーロン・バー・チャンピオン

六六年、このチャンピオンが弁護士仲間とシンシナティ・ベース・ボール・クラブ、愛称レッド・ストッキングズを立ち上げ、代表に就任する。(3) 設立当初はカントリー・クラブ的な社交団体の域を出なかったレッド・ストッキングズだが、急成長をとげ、翌六七年にはバックアイズと四戦して四勝し、シンシナティの覇権を奪取する。六八年には東部から数名の有力選手を迎え入れてさらに戦力を増強し、オハイオ州の枠をこえて西部で一、二を争うまでの存在にのし上がる。それでも、遠征してきたアスレティックス、アトランティックスにそれぞれ、13対20、19対40と苦杯を喫するなど、東部のクラブにこの年、計七つの白星を献上しているから、当時のベースボール先進地域と目されていた東部のトップ・クラブは、西部の新興クラブの前に立ちはだかる高く厚い壁だったのである。サッカー界でいえば、予算も選手層も世界的知名度も桁ちがいで、所属リーグでも欧州チャンピオンズ・リーグでも上位を定位置とするビッグ・クラブにたとえられるかもしれない。

それでも、シンシナティ・クラブは格上相手の手痛い敗戦にもめげることなく、その年のシーズン末に、西部のクラブとして初めて東部遠征を敢行する。アトランティックス、アスレティックスには返り討ちにされ、ワシントン・オリンピックスにも敗れるが、全米王者級の実力派ミューチュアルズから一点差で大金星をあげるなど、九勝三敗の好成績を残して大いに自信をつけたのである。この善戦健闘はシンシナティのベースボール界にとって、貴重な財産になったようだ。

先述したように、六七年にレッド・ストッキングズはバックアイズに四たび屈辱を与えて、市のナンバーワン・チームにのし上がっている。だが、野心満々のこの代表はそんな程度では満足しない。その目はベースボール界の頂点に向いていた。六九年の九月、クラブのオール・プロ化を実現するプロジェクトに着手するのである。時にチャンピオンは二六歳だった。

まず、地元の実業家を中心にクラブの会員（といっても実際にプレイするわけではなく、ありていに言えば出資者である）を三百人以上集める。そのなかには市の富裕層もかなりまじっていた。クラブの本拠地ユニオン・クリケット・グラウンズの改修費用として一万一千ドルを調達した後、こんどはクラブの株式を発行し、一万五千ドルほどの出資金を集めることに成功する。それによって精鋭十選手（レギュラー九人と控え）を揃えようというのだ。まだNABBPがプロ化を正式に承認する二カ月前のことだったが、チャンピオンは、三月十五日から十一月十五日までの八カ月間を契約期間として全プレイヤーにサラリーを出すことを公言するのである。この時、マネジャーに指名され、有力プレイヤーのスカウトを一任されたのが、のちに〝プロフェショナル・ベースボールの父〟と敬意をこめて呼ばれることになるハリー・ライトである。[4]

§3　ハリー・ライトの〈ドリーム・チーム〉誕生

ハリーは有名なプロのクリケット選手サミュエル（サム）・ライトを父親に、三五年（三四年説もある）英国シェフィールドで生まれている。正確な渡航時期は突きとめられていないが、三六年ごろに一家はニューヨークに移住したようである。ちょうどその頃、ヘンリー・チャドウィックもアメリカの土を踏んでいる。父の影響で幼少時からクリケットに親しんでいたハリーはやがて、父がコーチを務めるスタテン島の聖ジョージ・クリケット・クラブ（一八三八年創設：ドラゴンを退治した聖ジョージにちなんで愛称は「ドラゴン殺戮者《スレイヤーズ》」）に加入する。しかし、その一方で「ベース・

ボール」にも興味をひかれ、五八年にはニッカボッカーズに身を投じて、外野手としてプレイをはじめるのである。当時としては珍しくなかった、クリケットとベースボールの二足のわらじをはくプレイヤーだったわけだ。五八年に開催されたニューヨーク（マンハッタン）対ブルックリンのオールスター戦には、ニューヨーク・チームの左翼手として出場している。六三年にはベースボール史上初めて（クレイトンのようにこっそりとではなく）〝公然と〟サラリーを受け取っており、〝表の〟プロ選手第一号と考えられている。記念すべきその額は二九ドル六五セントという半端なものだった。

図30　ハリー・ライト（ボストン・レッド・ストッキングズ時代）

六五年、チャンピオンの経営するユニオン・クリケット・クラブにクリケットのボウラー（投手にあたる）兼コーチとして雇われる。六七年になると、シンシナティ・ベース・ボール・クラブに投手として加入する。この時、ハリーは三〇歳をこえている。クラブのメンバーの大半を二〇代前半が占めていた時代の三〇代だから、プレイヤーとしてはもうとうに峠を過ぎていたはずだが、制球力にすぐれ、緩急をつけたピッチングが冴えていたという。クリケットでのボウラー経験が生きたようだ。しかも、本塁打がなかなか出ない時代なのに、六七年は二二本、六八年には十二本も放っているから恐れ入る。二〇代にどれほどすごいバッターだったたか、想像がつこうというものだ。六八年の九月、チャンピオンのプロ・クラブ新設構想が明らかにされるや、ハリーはクリケットとすっぱり縁を切り、ベースボールに専念しようと決意する。

当初チャンピオンがもくろんでいたのは、『クリッパー』紙選出の一八六八年度ゴールド・メダル・チーム（〝ナイン〟とも言う）、つまり現在でいうベストナイン、全米トップ九選手の総獲りだった。文字通りのオールスター・メンバーを単一のクラブに集結させるという、バスケット・ボールの五輪アメリカ代表チームくらいしか思いうかばない、夢のような仰天もののプランである。もしもそれが実現していれば、ニューヨーク・ヤンキースやバルセロナFCも顔色なしのドリーム・チームができあがるはずだった。さすがに、チャンピオンのこの途方もない野望は、他のクラブもベストナイン争奪戦に加わってきて売り手市場となったために、資金が足りずにあえなく潰えてしまう。そこでチャンピオンは、前年の東部からの人材導入にあたって腕をふるったハリーに、再度人材獲得の権限を委ねることにした、というわけだった。かくして、ハリーの眼鏡にかなった、オールスター級にほとんど見劣りしない実力者四人が新たに加わることになったのである。

まず、ユニオンズでプレイしていた、ハリーより十二歳歳下の弟ジョージである。(5) ニューヨーク

図31　ジョージ・ライト

図32　キャル・マクヴェイ（いずれもボストン・レッド・ストッキングズ時代の写真）

のハーレムに生まれたジョージは、兄同様クリケット選手として出発し、十六歳で「ベース・ボール」に転じた。攻走守の三拍子そろった当代一流のパワフルなショートストップとして鳴らし、〝キング・オブ・ショートストップ〟の称号をたてまつられている。現在、ショートストップの定位置はベースラインよりも外野寄りだが、それは肩に自信のあったジョージが他に先がけて深い守備位置をとったことに始まるのだ。ジョージもチャンピオンが狙ったゴールド・メダル・チームの一員である。左翼手のアンディ・レナードは十三歳からベースボールの世界で生きてきた、バックアイズの中心選手。細身の二塁手チャーリー・スウィージーも同じくバックアイズのスタープレイヤーだった。そして、加入時は十八歳の若手ながら、やがて当時を代表する強打者にのし上がって大リーグ通算八七〇安打の三割四分六厘をマークし、あらゆるポジションをこなすことになる万能型のカルヴィン（キャル）・マクヴェイ(6)。

既存のメンバーも粒よりだった。三塁手のフレッド・ウォーターマンはジョージと同様ゴールド・メダル。投手のエイサ・ブレイナードは当時屈指の速球派として知られていた。何しろ、その名のエイサ（Asa）がもとになってエース（ace）という語がチーム最高の投手を表わすようになった、と信じる人が少なくないほど、当時の投手の代名詞のような存在だった。キャリアは長く、かつてはニッカボッカーズに所属したこともある。エクセルシオールズに在籍していた時は、あのスーパースター、ジム・クレイトンとチームメイトだった。

ミットもマスクもプロテクターもなしに本塁を死守した捕手のダグ・アリスンは、「全米でもっとも信頼できる最高の捕手」（『デイリー・アルタ・カリフォルニア』紙）と讃えられている(7)。ただひとり六フィートをこえる長身の一塁手であるチャーリー・グールドのグラブさばきには定評があった。さらにいえば、峠を過ぎたとはいえ、ハリー・ライト自身、プレイヤーとしてもすぐれていた。

以上、いずれもがプロのプレイヤーである。ただし、地元シンシナティの出身者はグールドだけだったから、悪く言えば傭兵軍団、外様集団というところだろうか。

これだけのメンバーが揃えば、のちに名伯楽、名監督の才能を開花させることになるハリー・ライトにはもう十分だったろう。ベースボールの知識も経験も豊かだったハリーは持てるすべてを注ぎ込む。集団としての規律を重んじ、体調管理を重視した上で、当時としては先進的なトレーニングを取り入れ、個々のプレイヤーが状況に応じた判断を自主的に下せるまでに鍛え上げたのである。シンシナティの地元紙『シンシナティ・エンクワイアラ』紙が、「ベースボール界のエジソンである。ベースボールを食事とし、ベースボールを呼吸し、ベースボールを考え、ベースボールを夢み、ベースボールをお祈りの文句にとり入れている」(8)と評したほど、ハリーは寝ても覚めてもベースボール、文字通り二十四時間ベースボール漬けの生活を送っていた。リーダーシップがあり、監督、コーチとして卓越した手腕の持ち主だったこのハリーと、中心選手としてチームを牽引したジョージ。ライト兄弟といえば人類初の動力飛行で名高いが、こちらのライト兄弟もレッド・ストッキングズを、いやプロフェショナル・ベースボールを、天空高く羽ばたかせた大功労者なのである

かくして、メンバー全員がプロのベース・ボール・クラブが誕生するのだが、厳密にいえば、ミューチュアルズはレッド・ストッキングズよりも先に、全員がプロから成るクラブになっていた。実際には下馬評通り、ニューヨークのクラブが先陣を切っていたのである。それが証拠に、ほかならぬ『シンシナティ・エンクワイアラ』が六九年に、このニューヨーク屈指の強豪クラブがすでに年俸を支払うシステムを採用していることを報じているのだ。(9)けれども、ミューチュアルズはその事実をみずから公表することはなかったから、一般には知られぬまま今日に至っている。結果、ス

ポーツ紙を通じてプロ化を大々的に発表（喧伝）したレッド・ストッキングズが、全員をプロで固めた史上初のクラブとしてベースボール史に名を残すことになったのである。

ただし、プロとはいいながら、ベースボール専従者はひとりもおらず、控え選手を含めた十人全員が別に副業（本業?）を持っていた。たとえば、ハリー・ライトは宝石商、ジョージは彫版工で、ほかに帽子製造業、保険業、簿記係といったところ。変わり種ではピアノ製造職人もいた。当時、優秀なプレイヤーには熟練した職人が多かった。なぜなら彼らは勤務時間や労働のサイクルを自己管理できたからである。[10] 年俸はジョージの一四〇〇ドルを筆頭にハリー一二〇〇ドル、投手のブレイナード一一〇〇ドル、最も低い五人が八〇〇ドル、十人の総額は九五〇〇ドルだった。それは、厳密にいえばシーズン八カ月間のプレイに対する報酬である。平均的労働者の日当が二ドル、熟練労働者の平均年収が五二五から七五〇ドル、かなり広い一戸建ての家賃一年分が五〇〇ドルという時代のことである。なお、この六九年からプロのプレイヤーが過半数を占めるクラブをNABBPはプロのクラブと認定するようになった。そうしたプロのクラブは、レッド・ストッキングズはもとより、ニューヨークの四クラブやアスレティックスを含めて全部で十二あった。

六九年、ある意味でハリー・ライトが作り上げた極上の〝作品〟といってもいいレッド・ストッキングズは、約一カ月に及ぶ東部転戦ツアーに出発する。どのゲームもビジターとして入場料収入の三分の一を得るという契約になっていた。この種のツアーの嚆矢となったのは、ジム・クレイトンを擁した六〇年のエクセルシオールズのニューヨーク州内転戦である。二年前にはワシントン・

ナショナルズが、中西部のコロンバス、シンシナティ、ルイヴィル、インディアナポリス、セント・ルイス、ロックフォードを転戦している。このとき、シンシナティ・クラブも対戦して10対53と大敗を喫している。レッド・ストッキングズはそのツアーにならったのであろうが、東部のみか、秋には西のネバダ州オマハ、カリフォルニア州サンフランシスコにまで足を伸ばしているから、規模では大きく上回っている。ちなみに、西海岸まで遠征したクラブはレッド・ストッキングズが初めてである。

彼らのいでたちは実に斬新だった。従来のストレートな長いズボンのかわりに、ゆったりした白いフランネルのニッカボッカーを初めて採用したからである。ニッカボッカーにあしらったのは、クラブのニックネームの由

図33　シンシナティ・レッド・ストッキングズ
(1869年のベースボール・カード)

来になった明るい赤色の長いソックス、靴はスパイクをつけたオックスフォード・シューズだった。ユニフォームのデザインもソックスも、ハリー・ライトその人が六七年初めに導入したものである。服装面からみれば、ニッカボッカーを着用しなかったニッカボッカーズよりも、レッド・ストッキングズの方が元祖ニッカボッカーズだった、と言えるかもしれない。

§4 〝来た、見た、勝った〟——連戦連勝のレッド・ストッキングズ

この純度一〇〇パーセントのプロ軍団は、五月四日、グレート・ウェスタンズを45対9と粉砕したのを皮切りに、二二日までの間に地元シンシナティで計四試合をこなしている。いずれも一方的なスコアで勝利し、いわば地元でのお披露目をすませたあと、三一日の朝、ハリーたち一行は列車で四週間の東部ツアーに旅立つ。以後、現在のプロ野球チームと同じように各地への遠征とホームでの滞在を繰り返しながら、十一月六日の年内最終戦まで計五七試合を戦う。移動距離の総計は一万九、三〇〇キロに及び、延べ二〇万人以上の観客を動員したのだが、驚くべきことに、ただの一度も負けていないのである。(11)

五回までにリードを許すと急な降雨でコールド負けになるおそれがあるし、アウェイの戦いが続けば心身両面で疲労も蓄積するだろう。劣悪なグラウンド、不可解な判定をはじめとするさまざまな悪条件が重なって思わぬ不覚をとったとしても不思議はない。にもかかわらず、全試合で勝利の女神がほほ笑んだのだから、実力のみならず、よほど運にも恵まれていたと言うべきだろうか。

五七戦全勝。黄金時代のニューヨーク・ヤンキース、V9時代の読売ジャイアンツ、桑田、清原のいたPL学園、ドカベンの明訓高校など、史実、フィクションとりまぜた輝かしい神話的最強チーム連すらかすんでしまう、まさしくことばを失うほどの無敵ぶりだった。シンシナティに凱旋するたび、地元民に熱狂的に迎えられたことは言うまでもない。

戦績の記録をみると、103対8、80対5、65対1などという、およそベースボールのゲームとは思えないスコアも散見される。大半がラグビーかバスケットボールのスコアと見まごうばかりの多得点時代に、40対0というシャットアウト勝ちまである。そもそも、レッド・ストッキングズのような、ピラミッドの頂点をなす選りすぐりのメンバーを集めたクラブと戦う資格のないレベルの対戦相手もまじっていたことは確かだろう。しかし、相まみえたのはそういった弱いクラブばかりではなかった。NABBPが定める他の十一を数えるプロ・クラブすべてと計十九試合対戦し、言うまでもなくそのすべてに勝利したのである。

華々しかったのは何と言っても五月末からインディアナ州、ニューヨーク州、マサチューセッツ州、ペンシルヴェニア州、ニュージャージー州、ワシントンDCをめぐった、全二〇戦の東部遠征である。レッド・ストッキングズ側としてもこのツアーへの熱の入れ方はひととおりでなく、チャンピオン代表みずから同行したばかりか、『シンシナティ・コマーシャル』紙の記者も随行して、逐一地元に向けてリポートを送っている。現地ではベースボール・ファンのみならず一般の関心も高く、首都ワシントンでは大統領ユリシーズ・グラントから官邸に招かれるという、当時のプレイヤーとしては破格の歓待まで受けている。

このツアーでもとりわけ、プロの猛者連とニューヨーク、ブルックリン、フィラデルフィアで繰り広げた熱戦が最大のハイライトだった。まず、六月七日にランシングバーグ（ニューヨーク州）・ユニオンズ（別名トロイ・ヘイメイカーズ、プロのクラブである）を38対31で退けると、十五日にはマンハッタン地区のトップで、東部ではフィラデルフィア・アスレティックスと双璧をなす強豪中の強豪ミューチュアルズを一万の地元観衆の目の前でみごと撃破する。この試合は、4対2という、当時稀なロー・スコアの接戦で、ロー・スコアを好むチャドウィックが試合内容を絶賛している。翌日、翌々日の連戦も、ブルックリンの両横綱であるアトランティックス（32対10）とエックフォーズ（24対5）をまったく問題にしなかった。

さらにニュージャージーを経てフィラデルフィア入りすると、二一日には、六七、六八年の過去二年間、四四勝三敗、四七勝三敗と連続してNABBP内断トツの戦績を残してきたフィラデルフィア・アスレティックスに27対18で快勝。このゲームは実に二万五千人が観戦したが、ボールパークに入りきらない数千人があふれるほどの人気だった。二八日のツアー最終戦はワシントンDCに場所を移してプロのクラブ、オリンピックスを16対5で一蹴し、有終の美を飾っている。

ベースボールの先進地とみられていたニューヨーク、ブルックリン、フィラデルフィアのトップ・クラブが相次いで新興シンシナティの軍門に降ったことは、ベースボール界を震撼させずにはおかなかった。その後、十月十八日にはホームでアスレティックスとの二度目の対決を制し、十一月八日のシーズン最終戦では同じくホームに迎えたミューチュアルズを17対8で返り討ちにしている。ミューチュアルズに二勝してシーズンを終えたのがよほどうれしかったのか、日ごろ沈着冷静なハリー・ライトが試合後スコアブックに、ユリウス・カエサルの歴史的名文句（「来た、見た、勝った」）を計六つもの感嘆符をつけて、"Vini! Vidi!! Vici!!!"と書き記したほどだった。[12]

きわどいゲームだったのは、八月二六日におこなわれたユニオンズ（ヘイメイカーズ）との二度目の対戦である。六回表、17対17のタイスコアでレッド・ストッキングズが攻撃中に、ファウルチップの判定をめぐってユニオンズ側が猛抗議してプレイヤー全員を引き揚げたために、アンパイアが試合放棄とみなしてレッド・ストッキングズの勝ちを宣告したのだった。七月二四日のロックフォード（イリノイ州）・フォレスト・シティズ（アマチュアのクラブである）戦も綱渡りの一戦だった。九回表まで14対12とリードを許して絶体絶命となったが、九回裏に3点を入れてきわどく逆転勝ちしたのである。すでに述べたミューチュアルズとの初対決（4対2）を含め、苦戦したといえるのはその三試合くらいで、一試合平均の得点42、失点10は、いかにその実力が図抜けていたかを物語る。

ちなみに、個人別打撃成績は、プロとの十九試合で、ハリーが四割六分六厘五〇得点、ジョージが五割八分七厘十三本塁打六三得点。力の落ちる相手との対戦も含めると、ジョージは（全試合には出場せず）出場五二試合で何と五割一分八厘五九本塁打三三九得点と、鬼神も三舎を避ける壮絶無比の活躍だった。当然ながらプレイヤーの年俸も、一四〇〇ドルのジョージと一二〇〇ドルのハリーはともに二五〇〇ドルにまで急上昇し、下は八〇〇ドル、上は一一〇〇ドルだった他のメンバーも、一五〇〇から二〇〇〇ドルの間へと軒並み大幅アップを果たす。十人の年俸総額はほぼ倍になった。のちにそれが我が身にはね返ってくることになろうとは、この段階で当人たちは知るよしもない。

翌シーズン、NABBP内のプロのクラブは十二から十五に増えて戦いは厳しさを増すが、レッド・ストッキングズの勢いは止まらず、怒涛の快進撃はさらに続く。完封勝ち（75対0）をまたもや演じ、アマチュアではトップクラスのハーヴァード大学を46対15と寄せつけず、のちに球界ナンバーワン投手にのし上がるアルバート・スポルディング――はるかのちに「ベースボール＝アメリカ国産のスポーツ」説の仕掛け人となる、あのスポルディングである――擁するクリーブランド・フォレスト・シティに三戦して三勝、前年接戦を演じた強敵ミューチュアルズを16対3と軽くひねっている。しかし、ものごとにはいつか終わりが来るものだ。六月に入っても負け知らずで、六八年から数えると三年ごしで連勝街道をひた走っていたレッド・ストッキングズだったが、ついに一敗地にまみれる運命の日がやってくる。六月十四日の対ブルックリン・アトランティックス戦である。

§5　運命の日――連勝記録、途絶える！

年間最強クラブを決める基準があいまいだったことは前章で述べた通りだが、アトランティッ

図 34　ブルックリン・アトランティックス
（写真下のキャプションから、64、65、66 年以外に 68 年と 70 年にも全米王者であったと自称していたことがわかる）

図35　レッド・ストッキングズ対アトランティックス戦を描いたスケッチ（両軍のユニフォームの違いがよくわかる）

クスは五九年から六六年までの八年間に五度ナンバーワンの座についたと考えられている。そのうち、五九年と六一年はそれぞれ、チャドウィック個人とスポーツ誌の評価によるものだったが、二〇勝一分けの六四年と十八戦全勝の六五年は、誰がみても文句なしの絶対王者と言ってよかった。六六年も、勝利数、勝率では上だったユニオンズとフィラデルフィア・アスレティックス相手にともに一勝一敗で乗り切っているから、ディフェンディング・チャンピオンとしては十分な成績である。六九年も、レッド・ストッキングズとの先の対戦で10対32と苦汁をなめているとはいえ、全米でも指折りのこの古強者は侮れぬ実力を保持していたのである。しかも、レッド・ストッキングズ

Cincinnati PLAYERS	Pos.	A.B.	R.	H.	T.B.	P.O.	A.	E.
G. Wright	ss	2	2	3	3	2	4	0
Gould	1b	6	0	0	0	9	0	1
Waterman	3b	4	0	2	2	3	4	2
Allison	c	2	1	3	3	5	0	3
H. Wright	cf	4	0	1	1	3	0	0
Leonard	lf	5	0	0	0	2	0	0
Brainard	p	3	2	2	3	0	1	3
Sweesy	2b	2	2	3	3	7	5	3
McVey	rf	5	0	0	0	2	0	0
Totals		33	7	14	15	33	14	12
Atlantic PLAYERS	**Pos.**	**A.B.**	**R.**	**H.**	**T.B.**	**P.O.**	**A.**	**E.**
Pearce	ss	3	2	3	3	1	2	0
Smith	3b	3	2	2	4	2	0	1
Start	1b	3	3	3	5	14	0	0
Chapman	lf	4	0	0	0	2	0	0
Ferguson	c	3	1	2	2	4	0	3
Zettlein	p	5	0	1	1	2	1	0
Hall	cf	4	0	1	1	3	0	0
Pike	2b	4	0	1	1	3	6	1
McDonald	rf	4	0	1	1	2	0	2
Totals		33	8	14	18	33	9	7

Cincinnati	2	0	1	0	0	0	2	0	0	0	2	7
Atlantic	0	0	0	2	0	2	0	1	0	0	3	8

図 36　連勝が途絶えたゲームのスコア

左から、Pos（ポジション）、A.B.（打率）、R.（得点）、H.（安打）、T.B.（塁打）、P.O.（刺殺）、A.（捕殺）、E.（失策）

が不敗ロードを歩み始める直前、最後に黒星をつけた（六八年十月三日）のがこのアトランティックスだったから、因縁の相手と言える。

決戦の場はブルックリンのキャピトライン・グラウンズ。ローマの七つの丘のひとつ、カピトリヌスの丘にちなんで命名されただけに、ローマの神々ならぬ球界屈指の英雄たちがプレイするのにはいかにもふさわしかった。二万の大観衆が見まもるなか、プレイボールが宣せられた。

ゲームは、両者ががっぷり四つに組んで相譲らぬ白熱の好ゲームとなり、5対5の同点のまま九回が終了する。当時の慣習では延長はおこなわず引き分けとなるから、連勝記録に傷がつくことはなかったのだが、ハリー・ライトはあえて決着をつけることを主張する。ちょうど居合わせたチャンピオン代表もそれに同調し、結局、異例の延長戦に突入することになった。十回は両軍とも無得点。十一回の表、レッド・ストッキングズが2点を挙げて勝負あったかに見えた。ところがその裏、粘るアトランティックスに追いつかれたあと、名手チャーリー・グールドの信じられないような悪送球で痛恨の決勝点を許してしまい、ついに7対8で敗れ去ったのである。

試合後、代表チャンピオンは宿舎のホテルに帰って号泣し、シンシナティに向けて電報を打つ、「我ガ軍ハ堂々ト戦エリ　サレド運命ノ女神ハ味方セズ……敗レタリトイエドモ不名誉ニアラズ」と。[13]

七〇年はそれまで二四連勝、六八年はシーズン終盤に八連勝しているから、通算すると実に八九連勝で記録が途絶えたことになる。それほどの連勝は、プロフェショナル・ベースボール（それも最高レベル）では他にちょっと例がないのではあるまいか（アマチュアの高校レベルならば、たとえば東福岡高校の八三連勝、聖光学院の福島県内九五連勝があるが）。チーム球技全般となると、女子バレーボール、ニチボー貝塚の八年がかりの二五八連勝という気の遠くなる数字がある。格闘技にまで範囲を広げれば、柔道の山下泰裕の二〇三連勝や女子レスリング吉田沙保里の一一九連勝（ヒクソン・グレイシーの四〇〇戦無敗となると検証のしようがないが）には及ばぬものの、角聖・双葉山の六九連勝を上回る。もっとも、八九というのはＮＡＢＢＰ内のクラブとの対戦に限ってのことで、ＮＡＢＢＰ外のそれこそ有象無象のクラブとのゲームも含めれば一三〇連勝だったとする研究者もいる。[14]

途方もない無敵ぶりには驚嘆のあまり声も出ない。

連勝の数字を抜きにして別格の強さという点からいうならば、二〇一〇－一一UEFAチャンピオンズ・リーグ決勝でプレミアの雄マンチェスター・ユナイテッドを問題にせず、二〇一一年十二月のクラシコでは謀将モウリーニョが指揮をとる充実しきった宿敵レアル・マドリードを3対1で屠り、その一週間後にはサッカー王国ブラジルのナンバーワン・クラブ、サントスにほとんど何もさせずにクラブ世界一の栄冠を手にしたバルセロナに近いかもしれない。

§6　落日のナンバーワン・クラブ――全員解雇

レッド・ストッキングズは連勝をストップされても気を取り直し、さらに十八個の白星（と一引き分け）を積み上げてロードを打ち上げるが、七月二七日、ホームのシンシナティに帰還した最初のゲームで、アスレティックスに7対11でまたもや白星を献上してしまう。九月二日に宿敵アトランティックスに雪辱したまではよかったが、シーズン最後の八試合は五勝三敗で、何かバタバタと負けがこんだような印象を与えてしまった。しかし、結局のところ年間成績は六七勝六敗一分けと、他のどのプロ・クラブよりも立派なものだった。急激に力が衰えたというわけではないのだ。それ以前が凄すぎただけで、いかに強いチームでも調子が悪かったら何かの拍子で負けることもある、というきわめてノーマルな状態に戻ったにすぎないのである。

しかしまずいことに、実情はともかくとして、伝説的無敵軍団のつるべ落としの落日、というイメージが色濃くまとわりついてしまった。いつまでも不敗の理想を追い求めるあまり、敗北という現実を受け入れることができない地元ファンの苦悩は深まる。かつての熱狂はかげをひそめ、負けるたびに客足は遠のいていく。掌を返したように新聞各紙の風当たりも強くなる。いつの時代も報道機関は、取材対象をさんざん持ち上げておいてからストンと落とすのがお得意らしい。

さらに、明らかにレッド・ストッキングズを模倣して州外から優秀なプレイヤーをかき集めて新設したシカゴ・ホワイト・ストッキングズ（クラブ名まで似ている）とのいわば本家－亜流対決に、ビジターで敗れたばかりかホームでも星を落とすという失態を演じたことで、ファンは大きな失望を味わい、そっぽを向いてしまう。悪いことは重なるもので、全米チャンピオン決定戦もなぜかアトランティックスとミューチュアルズの間でおこなわれ、前年度の絶対的王者にして今年度も戦績抜群のレッド・ストッキングズは、不可解にも蚊帳の外だった。(15)

波乱に満ちた七〇年のシーズン終了後、プレイヤーたちにとって予期せぬ出来事が待っていた。「予期せぬ」と書いたけれども、予兆ともいうべき異変は確かにあった。レッド・ストッキングズがこの年二つ目の黒星を喫してから間もない八月二日に、最強クラブの生みの親ともいうべき代表のチャンピオンが電撃辞任したのだ。表向きの理由は「代表職の激務にもはや堪えられなくなったため」というものだったが、有能なビジネスマンで機を見るに敏なチャンピオンは、連勝ストップ後に風向きが変わったことをいち早く察知し、財政難が表面化する前にクラブ経営に見切りをつけたのだろう。続いて副代表と事務局長もチャンピオンにならって辞職する。後任の代表にはA・

P・C・ボンティなる市会議員候補者が選出された。

話をシーズン終了後に戻すと、十一月二〇日、経営委員会を構成するレッド・ストッキングズの理事たちは、所属の全選手と来シーズンは契約せず、と発表する。つまり、つい半年ほど前まで絶頂を誇っていたナンバーワン・クラブのメンバーが、あえなく全員解雇されることになったのである。

ベースボール界の頂点に君臨し一見安泰に見えたものの、実情はプレイヤーの高額サラリーが財政を圧迫して、強さのわりにクラブの経営は苦しかった。六九年は延べ二〇万人以上の観客を動員したにもかかわらず、黒字はわずか一ドル二六セントでしかなかったという信じ難い統計もある。これはある意味、連勝記録よりもショッキングな数字である。観衆が一万、二万というゲームにばかり目を奪われがちだが、六九年の一試合平均観客数は三五〇〇人にすぎないのだ。高額な人件費とツアーの諸経費を考えれば、その程度の入場料収入では焼け石に水だということは目に見えている。年俸総額が倍増した七〇年ともなればなおさらである。プレイヤーたちが大幅なサラリー・アップでみずからの首を絞めてしまった、と言えるかもしれない。

高給取りを揃える突出した強豪クラブがツアー（地方巡業）をおこなうシステムでは、ビジネスとしては限界があることが明らかになった。シビアな株主たちは、連勝がストップした後、かつてのオーラが雲散霧消したかのように集客力が低下したにもかかわらず、選手の年俸だけが高水準という状態ではもはや経営は成り立たない、と冷徹な判断を下したのである。最強の名をほしいままにした、栄えある史上初のプロ・クラブにしては、あまりにもあっけない幕切れだった。

　現代でも、プロのチーム・スポーツの場合は同じような悩みがつきまとう。大リーグも日本プロ野球も、フリーエージェント制度の導入以後、レギュラークラスのプレイヤーの給料は途方もない額になってしまった。優勝すればただでさえ高いプレイヤーの年俸を更に上げなくてはならないが、たとえ球団やプレイヤー個人の成績がよくても、人気がそれに伴って収入が増えるとは限らない。そのため、優勝したおかげで人件費が足りなくなって高額年俸の主力プレイヤーを放出せざるを得なくなり、大幅に戦力の落ちた翌シーズンは前年の覇者が下位を低迷する、という悲劇（にして喜劇）がしばしば起こってしまうことになる。強さは必ずしも観客動員と収入に結びつかない。ビジネスとしてのベースボールは矛盾を内包しているのだ。したがって、経営者としては、優勝はしないけれどもそこそこ人気があって収入だけが増えていくのが最も望ましい状況だということになる。

　阪神タイガース時代の江夏豊は、リーグ優勝のかかったゲームの前に、フロントから「カネがかかるから優勝しなくてもいい」と言われて激昂し、テーブルをひっくり返して席を立つのだが[16]、球団の経営というものを第一に考えなくてはならないフロントの気持ちもわからないではない。

　そもそもベースボール・ビジネスなるものは、悲しいことに勝てば勝つほど儲かるという仕組みにはなっていない。なぜなら、通常の企業体のように上がった収益を被雇用者に分配するのではなく、収支とはかかわりなくスター・プレイヤーや大物監督に莫大な人件費（日本球界ではそれに新入団選手の高額な契約金が加わる）が支出されるため、最初から巨額の赤字を覚悟した、ほとんど採算度外視のシステムになっているからである。儲からないというより、儲けようという気がまるでないようにすら見える。これは興行としてのプロフェショナル・ベースボール——のみならず、プロ・サッカー界もそうであるらしい——に内在する構造的な欠陥といえるかもしれない。その点、テニス、ゴルフといった個人スポーツならば、大会で好成績を上げれば上げるほど多くの賞金を手にすることができるから、ことは単純である。ましてや、TVの放映権料や球団グッズの売り上げなどを当てにできない時代にあって、頼りになるのは入場料収入だけとなれば、経営が相当に苦しいことはわかりきっている。

かつてはワールド・シリーズ出場チームへの分配金（報奨金）がプレイヤーに有り難がられた時代もあった。一九一〇年代、プレイヤーの給与の安い時代に分配金がいかに魅力的であったかは、当時の大リーグを扱ったリング・ラードナーの短編小説からもうかがい知ることができる。[17]とはいえ、プレイヤーの年俸が高額になるにしたがって、リーグ優勝やワールド・シリーズ制覇といえども金銭的な魅力は失せてしまい、チームメイトと金銭抜きで純粋に（？）歓喜や達成感、充足感を分かち合えるイベントにすぎなくなってしまったようである。ともあれ、事業や道楽でなくビジネスとして興行を打つ以上、いくら強いチームであっても、いくら伝説のチームであっても、儲からなくては意味がない。ビジネスライクにバッサリと斬り捨てるのも、経営の見地からすればしごく当然といえた。

§7 赤い靴下の有為転変

とはいえ、株主からは見限られたものの、史上初のオール・プロ・クラブの全米をまたにかけた華々しい成功をまぶしく眺めていた諸都市にとっては、レッド・ストッキングズの看板には十分すぎるほどの商品価値があった。また、指導者としてのハリーの手腕とプレイヤーとしてのジョージの力量も高く評価されていた。（ちなみに、兄弟の二年間の通算成績はといえば、プロのクラブとの対戦に限定した場合、ハリーが四五試合で四割二厘、三本塁打、八〇打点、一〇〇得点、ジョージは四二試合で五割二分一厘、十七本塁打、九七打点、一六一得点と、すさまじい破壊力だった。）したがって再就職先はいくらでもあった。

あまたの引く手のなかから、新たにプロのクラブを創設しようというボストンからのオファーをハリーは受諾し、ジョージに加えて一塁手のグールド、右翼手のマクヴェイの三人を引き連れて、シンシナティからはるか東の新天地へと移っていった（翌七二年には左翼手アンディ・レナードも加入し、旧メンバーの五人が所属することになる）[18]。のみならず，ハリーはレッド・ストッキングズの名称までいっしょに持っていき、かの地の新しいクラブをボストン・レッド・ストッキングズと命名する。悲運に見舞われた中西部の神話的無敵軍団が、再び赤いストッキングをはいて東部ニューイングランドの地で復活をとげようというわけである。

ただ、誤解を招きやすいのだが、このボストン・レッド・ストッキングズの直系の後身は現在のアトランタ・ブレーブスであってボストン・レッドソックスではない。いっぽう、ニューヨーク・

ヤンキースの宿命のライバルであるボストンの人気チーム、レッドソックスの歴史は、一九〇一年のアメリカン・リーグ創設とともにはじまるのである。

お払い箱にされたハリー・ライトにしてみれば、自分が手塩にかけて育て上げたクラブの名を再利用しているだけのことだったが、愛着のある名前まで持ち去られたシンシナティ市民の怒りと落胆はひととおりではなかった。黄金期メンバーの解雇によりアマチュア・クラブに格下げとなったシンシナティ・レッド・ストッキングズをこのまま埋もれさせてなるものかと、意地と執念でプロのクラ

図 37　ハリー・ライト率いるボストン・レッド・ストッキングズ（1874 年）

ブとして復活させようと手を尽くす。かくして、衝撃的な全選手解雇から六年後の七六年には、元祖・赤い靴下軍団がナショナル・リーグの創立メンバーに堂々とその名をつらねることになるのである。その年、ハリー・ライト率いるボストンはレッド・キャップスと改称していた（さらに八三年には、名物の豆料理に由来するボストンの通称〝ビーンタウン〟にちなんでビーンイーターズと名を変え、ますます靴下からは遠ざかってしまう）から、当時レッド・ストッキングズを名乗るのはシンシナティただひとつだった。

ただし、ややこしいことに、こちらのシンシナティ・レッズは現在のシンシナティ・レッズとは別物で、七七年に財政的理由からいったん解散した後に、オーナーが交替して翌七八年に復帰するものの、八〇年にはまたもや経営不振に陥り、採算をとらんがためにリーグの規則を破ったかどで追放されてしまうのである[19]。したがって、今日まで続くレッズの方は八二年にアメリカン・アソシエーションでスタートした同名異クラブなのである。九〇年になってナショナル・リーグに籍を移し、以来百十年余の歳月を閲している。一九七〇年代には名将スパーキー・アンダスンのもと、ピート・ローズ、ジョニー・ベンチ、ジョー・モーガン、ジョージ・フォスターらを擁して〝ビッグ・レッド・マシーン〟の異名をとり、リーグ優勝四回、ワールド・シリーズ制覇二回という、栄光に満ちた黄金時代を謳歌している。以上が、赤い靴下と都市にまつわる数奇な物語である。この物語にタイトルをつけるとすれば、人気ＴＶドラマ Sex and the City をもじった Sox and the Cities がふさわしいだろうか。

確かに単独クラブによるツアー・システムでは採算がとれなかったが、有力クラブ同士の試合に高い集客力があることは実証済みである。いくつかの強豪クラブがリーグ戦をおこなって優勝を争うシステムであれば、経営的にも有望なのではないか。そう考えたクラブ関係者がいたとしても不思議ではない。

ここまでくると、複数クラブの公然たるプロ化への流れを押しとどめる力は誰にもない。七〇年の七月三日付け『ニューヨーク・クリッパー』紙は、プロのベースボールがもたらす弊害に抗議してニッカボッカーズがＮＡＢＢＰを正式に脱退することになった、と報じている。[20] 古き良きアマチュアリズムの権化ともいうべき守旧派のニッカボッカーズは、プロフェショナリズムの包囲網が次第に狭められてくる現状にもはや打つ手なしと判断したのだろう。頑固一徹のニッカボッカーズは節を曲げることなく終始一貫していた。「必要以上に勝敗を競わない」「プレイによって報酬を得るのはもってのほか」という、時代の流れに逆行するポリシーに殉じて、ＮＡＢＢＰから身を引いたのである。

プロのプレイヤー、プロのクラブが独自の組織を新たに設立するのではないかとの臆測が乱れ飛ぶなか、七〇年の十一月三〇日に開かれたＮＡＢＢＰの第十四回年次総会には過去最少人数の代議員しか集まらなかった。総会では最後の抵抗を試みるべくプロを制限する動議が提出されるが、十七票対九票で否決される。大勢は決した。プロフェショナル・ベースボール組織化へのお膳立てはここにすっかり整ったのである。

註

（1）プレイヤーの能力を見抜くためのオークランド・アスレティックスの独特な理論に関しては、ブラッド・ピット主演で映画化もされたMichael Lewis, *Moneyball: The Art of Winning the Unfair Game* (New York: W. W. Norton, 2003)［（中山宥訳『マネー・ボール　奇跡のチームを作った男』（講談社ランダムハウス、二〇〇四年）］に詳しい。

（2）Stephen D. Guschov, *The Red Stockings of Cincinnati: Base Ball's First All-Professional Team* (Jefferson and London: McFarland, 1998), p. 21.

（3）レッド・ストッキングズ及びその周辺については以下による。Lee Allen, "Baseball's Immortal Red Stockings," *Bulletin of the Historical and Philosophical Society of Ohio* 19 (1961) : pp.191-204; Guschov, *The Red Stockings of Cincinnati*; David Q. Voigt, *American Baseball: From Gentleman's Sport to the Commissioner System*; Voigt, *America Through Baseball* (Chicago: Nelson Hall, 1976), pp. 29-41; Harold Seymour, *Baseball: The Early Years*; Stephen D. Guschov, *The Red Stockings of Cincinnati* (Jefferson and London: MacFarland, 1998); Marshall D. Wright, *The National Association of Base Ball Players, 1857-1870* (Jefferson and London: McFarland, 2000); Gershman, *Diamonds*; Ted Vincent, *The Rise and Fall of American Sport: Mudville's Revenge* (Lincoln and London: University of Nebraska Press, 1981), pp. 125-127; Charles Alexander, *Our Game:An American Baseball History* (New York: Henry Holt & Co., 1991), pp. 17-21; John

Thorn, *Baseball in the Garden of Eden,* pp.142-148. この頃になると、同じベース・ボール・クラブとはいっても、ニッカボッカーズのような同好の士の集まり（同好会）ではなく、株式会社的な性格を持つものが増えてくる。レッド・ストッキングズもその一つである。クラブのトップ（president）も同好会の会長というより企業の代表取締役に近いだろう。それゆえ、訳語としては「代表」を選択した。

（4）ハリー・ライトについては主として以下による。Mark Alvarez, " William Henry Wright, " *Baseball's First Stars*, eds. by Frederick Ivor-Campbell, Robert L. Tiemann, and Mark Rucker (Cleveland: The Society for American Baseball Research, 1996), pp. 177-178; Alvarez, *The Old Ball Game*. pp. 84-86; Christopher Devine, "Harry Wright," *The Baseball Biography Project*.<http://bioproj.sab.org>

（5）ジョージ・ライトについては主として以下による。Frederick Ivor-Campbell, "George Wright," *Baseball's First Stars*, pp. 175-176; Alvarez, *op.cit.*, pp. 86-87.

（6）キャル・マクヴェイについては以下による。Robert L. Tiemann and Mark Rucker eds., *Nineteenth Century Stars* (Cleveland: The Society for American Baseball Research, 1989), p. 92; Alvarez, *The Old Ball Game*, pp. 90-91.

（7）Guschov, *op. cit.*, p. 30.

（8）*Ibid*., p. 14.

（9）Alvarez, *The Old Ball Game*, p. 85.

（10）Goldstein, *Playing for Keeps: A History of Early Baseball*, p. 27.

（11）一八六九年のレッド・ストッキングズの記録については諸説がある。ＮＡＢＢＰ所属クラブとの対戦に限定して五七戦全勝説をとるのはマーシャル・Ｄ・ライト、ジョン・ソーンらである。ほかならぬ当事者のハリー・ライトは、後述するユニオンズ（トロイ・ヘイメイカーズ）戦の勝ちを引き分けとみなして五六勝一分けと考えていた。『シンシナティ・エンクワイアラ』紙は五八全勝説で、『ニューヨーク・デイリー・トリビューン』紙は六一戦全勝説。ステーヴン・Ｄ・ガスチョフは、カリフォルニア州での地元選抜チームとの三試合を戦績に含めて六〇戦全勝としている（p.93）。

（12）Guschov, *op.cit.*, p. 92.

（13）*Ibid.*, p. 111.

（14）Allen, "Baseball's Immortal Red Stockings," p. 200.

（15）決定戦がおこなわれるまでの戦績では、レッド・ストッキングズが勝ち星、勝率とも他を圧倒的に引き離しての一位だった。直接対決では、アトランティックスとレッド・ストッキングズは一勝一敗だが、ミューチュアルズはレッド・ストッキングズに二戦二敗、アトランティックスに一敗と、計三戦全敗である。前年度覇者のレッド・ストッキングズを倒しているアトランティックスはともかくとして、ミューチュアルズにはどうみても王座を争う資格がないように思える。

（16）江夏豊（波多野勝構成）『左腕の誇り――江夏豊自伝』（草思社、二〇〇一年）、一六〇頁：後藤正治『牙――江夏豊とその時代』（講談社、二〇〇二年）二九七頁。広岡達朗も、ヤクルト・スワローズ監督時代に優勝を争っていた時、本社経営陣から「優勝しなくてよい。二位で十分」と釘を刺されたことがある、と回想している。

(17) たとえば、代表作の「アリバイ・アイク」には、「ワールド・シリーズに出られなくなって、大金［分配金］をあてにしているうちのかかあどもが泣いて悲しみます」（訳は拙訳）という一節がある。Ring Lardner, "Alibi Ike," *Ring Around the Bases: The Complete Baseball Stories of Ring Lardner* (New York: Charles Scribner's Sons, 1992), p. 311.（「アリバイ・アイク」、沼澤洽治、佐伯泰樹編『笑いの新大陸――アメリカ・ユーモア文学傑作選』（白水社、一九九一年）、一二六頁）。

(18) ボストン行きに際してハリー・ライトは、エースのブレイナードのように性格や素行に問題のある者、ダグ・アリスンやチャーリー・スウィージーのようにピークを過ぎてもはや多くを望めないと判断したプレイヤーには声をかけなかった。何よりも、不振のうちに過ぎた、もしくは短命に終わった彼らの七一年以降の現役生活がハリーの炯眼を立証することになる。William J. Ryczek, *Blackguards and Red Stockings: A History of Baseball's National Association, 1871-1875* (Jefferson and London: McFarland, 1992), p.201.

(19) Dennis Purdy, *The Team by Team Encyclopedia of Major League Baseball* (New York: Workman, 2006), p. 260.

(20) James Charlton ed., *The Baseball Chronicle: The Complete History of the Most Important Events in the Game of Baseball* (New York: Macmillan, 1995), p. 17.

図版出典

図29　Allen, "Baseball's Immortal Red Stockings," p. 197.

図30　Ron McCulloch, *How Baseball Began* (Los Angeles and Toronto: Warwick, 1995), p. 55.

図31　*Baseball's First Stars*, p. 175.

図32　McCulloch, *How Baseball Began*, p. 44.

図33　Guschov, *The Red Stockings of Cincinnati*, p. 81.

図34　Peverelly's *National Game*, p. 67.

図35　Gershman, *Diamonds*, pp. 18~19.

図36　McCulloch, *How Baseball Began*, p. 48.

図37　Ryczek, *Blackguards and Red Stockings*, p. 146.

第Ⅷ章 大リーグ誕生——ナショナル・アソシエーションのペナントレース

§1 すべてプロのクラブから成る組織

一八七一年の三月十七日は、アイルランドの守護聖人にちなむ聖パトリック・デイにあたっていた。あいにくの雨となった夜、ニューヨーク、ブロードウェイにあるコリアーズ・カフェに、ちょうど十を数えるベース・ボール・クラブの代表者が集結した。すなわち、フィラデルフィア・アスレティックス、シカゴ・ホワイト・ストッキングズ、ワシントン・オリンピックス、ニューヨーク・ミューチュアルズ、トロイ・ヘイメイカーズ、ロックフォード・フォレスト・シティズ、クリーブランド・フォレスト・シティズ、ブルックリン・エックフォーズ、フォートウェイン・ケキオンガス、そしてハリー・ライト率いるボストン・レッド・ストッキングズである。クラブの所在地としては、ニューヨーク州（ニューヨーク、ブルックリン、トロイ）、イリノイ州（シカゴ、ロックフォード)、ペンシルヴェニア州(フィラデルフィア)、マサチューセッツ州(ボストン)、オハイオ州(クリーブランド)、インディアナ州(フォート・ウェイン)の六州とワシントンDCに及んでいた。地図を見れば一目瞭然だが、上記六州のなかではイリノイ州が最西端であり、全体として合衆国の東北部に大きく片寄っていることがわかる。偶然にも、フォレスト・シティズというニックネームのクラブが二つあった。五〇年代末から六〇年代半ばにかけてたびたび全米王者となっている、あのブルックリン・アトランティックスは参加を見送り、翌シーズンから参入することになる。

冒頭に名をあげたうちのフィラデルフィア・アスレティックスは、その後カンザス・シティ、オークランドと本拠地を変えながらも、アスレティックスの名を受け継いで現在も存続している。エイズ(A's)と略称されるオークランド・アスレティックスがそうである。また、名前からすると錯覚しかねないが、シカゴ・ホワイト・ストッキングズは、井口資仁、高津臣吾が所属していた二〇〇五年にワールド・シリーズを制した同じシカゴのホワイト・ソックスとは無関係で、シカゴ・カブス(二〇〇八年に福留孝介が加入)の前身である。一八七一年というと、日本にはまだベースボールが伝来しておらず、廃藩置県が実施されていた頃だ。このことからも、大リーグの老舗球団がいかに長い歴史を持っているかがわかるだろう。

さて、これらの十のクラブだが、NABBPを飛び出して新たにすべてプロのクラブからなる組織を結成しよう、ということで意見の一致をみた。ナショナル・アソシエーション・オブ・プロフェショナル・ベース・ボール・プレイヤーズ(NAPBBP)の誕生である。ベースボール・

ジャーナリズムの重鎮ヘンリー・チャドウィックはかねてから「プロとアマチュアを分けるべし」と主張してきたが、両者はついに組織上もはっきりと分かれたのである。プロ・アマ論争のひとつのすっきりした解決策ではあった[1]。

ＮＡＰＢＢＰ（以下ＮＡと略す）の誕生によって、ベースボール界の主導権は完全にアマチュアからプロの手へ移った。クラブもプレイヤーもプロへプロへとなびき、クラブの脱退が相次ぐＮＡＢＢＰは衰退の一途をたどっていく。七二年、プロ化の潮流に抗すべくニッカボッカーズとエクセルシオールズが音頭をとり、アマチュアリズムを堅持しようとするクラブとカレッジ計三十三が結集して、ナショナル・アソシエーション・オブ・アマチュア・ベース・ボール・プレイヤーズを立ち上げる。アメリカは広大で多様だからプロとアマの共存は十分可能、と踏んだのである。実際、アマチュア同士のゲームでもＮＡに勝るとも劣らない数の観客を動員した時期もあった。しかし、長期的にみるとその見通しは甘かったと言わざるを得ない。やがてクラブもプレイヤーも観客も、アマチュアなどには見向きもしなくなる。

かくしてアマチュア・アソシエーションは、結成後二年ほどで消滅してしまう[2]。以後、アメリカのベースボール史はプロ中心で進行していくのである。ベースボールがもたらされて以来、長らくアマチュア偏重（神聖視）プロ蔑視の傾向が続いた日本球界の歩みとはあまりにも対照的であった。

§2　新機軸——新しいリーグ戦システムの採用

ＮＡの新機軸はといえば、従来のように何の展望も持たずに行き当たりばったりで対戦するのではなく、加盟しているクラブ間で五回総当たりのリーグ戦をおこなって、優勝を争うシステムを導入したことである。五試合の内訳はホームゲームが二、ロード（敵地）が二、中立地でのゲームが一である。前述したように、それまでにも有力と目される二つのクラブがチャンピオンシップを争う形式はあったが、三つ以上のクラブがリーグ戦によって白黒をつけるのは初めての試みだった。現在、ＭＬＢ、ＮＰＢなどで当たり前のようにおこなわれているペナント争奪戦（ペナントレース）の概念がこのとき史上初めて導入されたのである。シンシナティ・レッド・ストッキングズの財政的失敗を教訓とし、ずば抜けて強いクラブがツアー（地方巡業）に出て稼ぐという方式に見切りをつけて、ホーム・アンド・アウェイ方式の新しいリーグ戦システムを採用するに至ったのだ。

ペナントレースに参加する権利を得るためには——言い換えればフランチャイズを得るためには——五月一日までに委員会に申請を出し、参加料（フランチャイズ料）一〇ドルを払い込むだけでよかった。ＮＡ側は、集まった金で優勝したクラブに与えられるペナントを毎年購入するのだ、と説明していた。この二十六年前にニッカボッカーズの払ったイリジャン・フィールズの年間使用料が七五ドルだったことを思えば、一〇ドルは笑ってしまうような低額である。ところが、エックフォーズだけはなぜか一〇ドルを払わずにペナントレース不参加を表明したため、結局残る九チームでリーグ戦をスタートすることになった。

トップクラスのプロ選手を集めたトップレベルのクラブがリーグ戦によって覇権を争うのだから、〝リーグ〟とは名乗っていないが、NAは実質的にはもう立派な大リーグといってよかった。事実上、初めての大リーグがここに誕生したのである。ただし、NAは一蓮托生の意味合いが強いリーグ（連盟）ではなく、クラブ相互の結びつきがもっとずっとゆるやかな連合体にすぎなかった。NAとのちに誕生するNL（ナショナル・リーグ・オブ・ベース・ボール・クラブズ）、おのおのの名称を比較してみると理解が早いだろう。NAはアソシエーション・オブ・プレイヤーズ、つまりプレイヤーたちの組織であり、それに対してNLはリーグ・オブ・クラブズ、クラブのための組織なのである。

七一年のシーズンは、すでに述べたようにエックフォーズを除く九チームがペナントレースを戦うことになった。シーズン初めには全九クラブの所属選手の合計が八三名で、三〇歳以上は六名しかおらず、平均年齢は二十三、四歳という若さだった。シーズンが終わったときには出場選手総数は一一六名に増えていたが、それでも控え選手は各クラブ平均数名ずつにすぎない。ほんどのゲームをレギュラーの九名でまかなっていたのだ。

優勝候補の筆頭と目されていたのは、ハリー・ライト（このときは選手兼任監督である）率いるボストン・レッド・ストッキングズである。かつて桁外れの強さを誇ったシンシナティ・レッド・ストッキングズの精鋭四選手に加え、ロックフォード・フォレスト・シティズから「西部最高の投手」としてその名も高い二一歳のアルバート・スポルディング、そしてチャドウィックが「二塁手の鑑」と讃えた十九世紀屈指の二塁手ロス・バーンズの両大物を抜け目なく補強し、万全の準備を整えていたのだ。

ところが、巷ではペナントの行方を占っているというのに、NAは実に間抜けなことに、優勝の条件をはっきりとは決めていなかった。れっきとしたチャンピオンシップ委員会が存在していたにもかかわらず、である。そうなると、五回戦のシリーズを制した数が多いクラブ（つまり、勝ち点を最も多く取った）が優勝、勝ち数が最も多いクラブが優勝、最も勝率の高いクラブが優勝、とさまざまな解釈が出てきてしまう。しかも、五試合を戦わずしてどちらかが先に三勝した場合、以後の〝消化試合〟をおこなうかどうかも決められてはいなかった。結局、「（たぶん）勝利数最多のクラブが優勝（だろう）」というあいまいな了解のもとに、シーズンがスタートしたのである。何とも能天気なことである。この杜撰さがシーズン終盤になって混乱を招くことになるのだが、それはのちの話。

§3　ドキュメント、開幕戦

NAの記念すべき開幕戦——すでに述べたように、実質的には初の〝大リーグ〟のゲームといってよい——は七一年五月四日、フォート・ウェイン・ケキオンガス（インディアナ州）とクリーブランド・フォレスト・シティズ（オハイオ州）との間でおこなわれた。ケキオンガスとは、フォート・ウェイン市の湖畔地域を指す先住民のことばである。鳴り物入りで華々しく挙行されるべきリーグの開幕戦というのに、華のある東部の強豪クラブが登場せず、中西部の地味なクラブ同士の対戦が組まれたのにはわけがある。もともとはワシントン・オリンピックスが本拠地にスター軍団のボストン・レッド・ストッキングズを迎えて華々しく開催される予定だったのだが、ワシントンDCを暴風雨が襲ったために中止に追い込まれてしまい、注目度の低いケキオンガス対フォレスト・シティズ戦が開幕戦に繰り上がってしまったのである。[3]

戦いの場所はケキオンガスの本拠地である同市のハミルトン・フィールド。このボールパークは開幕前に資金を募ってグランドスタンドを新設したのだが、完成したスタンドの壮麗さから〝グランド・ダッチェス（「豪奢なる公爵夫人」というところか）〟という異名をたてまつられていた。[4] おそらく、豪華で美しいスタンドが、華やかで気品漂う高貴な公爵夫人を連想させたのだろう。いったいどんなボールパークだったのか。いたく興味を惹かれるが、もちろん現物は跡形もなく、写真はおろかイラストすら残っていないのが残念な限りだ。なお、グラウンドが初めてフェンスで囲われるようになったのは、六二年五月にオープンしたブルックリンのユニオン・グラウンズからである。

入場料はほぼ一律に五〇セント（対戦相手によって変更する場合もあった）。観劇料金が七五セントから一ドル五〇セント、サーカスの入場料が二五から七五セント、当代人気随一の牧師ヘンリー・ワード・ビーチャー（『アンクル・トムの小屋』を書いたハリエット・ビーチャー・ストウの実弟）による講演（説教）の入場料が五〇セントという時代である。入場料収入の分配は、三分の二をホームチーム、残りをビジターが手にする方式が多く採用されていたが、それとてすべてのクラブが同意したわけではなく、のちにクラブ間でもめごとの起きる原因となった。年間予約席制度の先駆けとなったのは、ホームゲーム十五試合分のチケットをセットで六ドルにしたクリーブランド・フォレスト・シティズである。

ホームプレートは石でできた一辺十二インチ（約三〇・五センチ）の正方形で、ダイヤモンドの角におさまる形に設置されていた。ホームプレートは六九年に、それまでの円形から正方形に変わったばかりである。ゴム製のホームプレートが現われるのは一八八五年、現在のような幅十七インチ（約四三・二センチ）の五角形に定められるのは一九〇〇年のことである。

内野に目を転じれば、一塁と三塁のベースはフェア・エリアとファウル・エリアにまたがるように置かれていた。投手はホームプレートから四五フィート（約十三・七メートル）離れた一辺十二インチの板に足をのせて投球する。投手－打者間四五フィートといえば、現在より五メートル弱も短い。打者はプレート中央から引いた三フィートトライン（約一メートル四四センチ）をまたぐようにして立つ。捕手の多くがミットをはめるようになるのは七〇年代の半ば、投手を含む他の野手のグラブ使用が主流になるのはやっと八〇年代になってのことだから、この試合、すべて素手での捕球だった可能性が高い。ついでながら、初期のミットは総合格闘技のオープンフィンガー・グローブのように指先が出ているものだった。捕手用のマスクもプロテクターもまだ開発されていない。投球スピードがさほどでない時代とはいえ、いつファウルチップに直撃されるかわからない。ミットもマスクもプロテクターもつけずに無防備の捕手は、つねに大ケガと隣り合わせの危険きわまりないポジションだった。そのため、ホームプレートから三メートルほど下がった位置に構えるのがつねだったのである(5)。

ユニフォームは、ホームチームが白、ビジターがグレーなどの濃い色と区別するようになったのは一八八〇年代半ばのことだから、色でホーム、ビジターを識別することはまだできない。ここで、ベースボール・トリビアのクイズをひとつ。黒人初の大リーガー、ジャッキー・ロビンソンの背番号42は大リーグ全球団で、ベーブ・ルースの3、ルー・ゲーリッグの4はヤンキースで、テッド・ウィリアムズの9はレッドソックスで、それぞれ永久欠番になっている。ところが、二〇世紀初頭を代表する不世出の大打者タイ・カッブの背番号は、彼が現役時代のほとんどを過ごしたデトロイト・タイガーズで永久欠番にはなっていない。なぜか。

答えは簡単、カッブの現役時代にはまだ背番号というものが存在しなかったからである。大リーグが初めて背番号を導入したのは一九二九年のことで、カッブはその前年二八年のシーズン限りで現役を引退していたのである。現役時代のカッブのユニフォームには背番号そのものがついておらず、永久欠番にしようにもできなかったのだ。

一九二九年というと、ナショナル・リーグの発足から数えて五十三年もたっている時期だから意外に遅い。歴代一位の通算五一一勝をあげているサイ・ヤングやウォルター・ジョンソン（歴代二位の四一七勝、同一位の一一〇完封勝利）といった殿堂入りしている伝説的な超一流投手も、やはり現役時代に背番号をつけたことはない。一九一四年にプロ・デビューし三五年限りで引退したベーブ・ルースも、背番号3をつけずにプレイした期間の方がずっと長かったことになる。当然ながらこのNA開幕戦でもプレイヤーの背中には何もついていない。

背番号制度はそれ以前にも導入を試みたことはあったのだが、番号をつけられるなんてまるで囚人のようでいやだ、とプレイヤーの不評を買い、定着しなかった。現在では当たり前になり、ファンが——とくに少年ファンが——憧憬と畏敬の眼差しで見つめる、魔術的な魅力を持った背番号をプレイヤー自身が嫌っていたとは信じがたい話である。

現在の監督にあたるキャプテンは、ハリー・ライトがそうであったように、ほとんどの場合プレイヤーが兼任していた。NA初年度でプレイヤーでない者が監督をつとめていたのは、九クラブのうちワシントン・オリンピックスだけだった。

§4 ルールは依然としてバッター天国

ルールは、ニッカボッカーズ以来の伝統——いや、リビア・ゲーム以来の伝統、というべきか——で打者に圧倒的に有利だった。クレイトンの出現によって投手の地位は打者と対等近くまで引き上げられ、好勝負を繰り広げることになったとはいえ、原初のベースボールに息づいていた打者優遇（打者偏重?）の精神は生き続けていたのだ。

まず投手は、「肘を伸ばしたまま下手から身体に平行に腕を振る」「リリースポイントは臀部より下」という制約——クレイトンがそれに風穴を開けたのだが——を課せられていた。しかも、打者は打席ごとにアンパイアを介して投手にコースの高低を要求することができ、それにしたがってストライクゾーンも変化するという、投手泣かせの珍妙なルールが存在した。つまり、打者の好み、希望によってストライクゾーンがころころ変わるわけである。たとえば、打者が特に要求を出さない場合は肩から膝までがストライクゾーンだが、高目を要求すれば肩から腰まで、低目なら腰から膝まで（極端な場合は地面から三〇センチ少々の低さまで）、というふうにゾーンが打者の都合で狭められてしまうのである。

それだけで驚いていてはいけない。打者は二ストライク後にストライクゾーンを通過した球を見逃してもストライク・バッター・アウトを宣告されることはない。アンパイアは「グッド・ボール」と言うだけなのだ。つまり、「いまのは打てるボールだったぞ」と、やんわり警告するわけである。警告された後に好球を見逃すとようやくバッター・アウトになるから、実質的には三振ではなく四振だったのである。

ノーストライクもしくはワンストライクの状況でファウルを打ってもストライクに数えないというルールもあった。しかもバットは、ボールの当たるところが平らな板状になっているものを使ってもよいとされていた。断面が完全な円形のものでなければならぬと定められるのは二十数年後の一八九三年である。だから、まさに至れり尽くせり、「さあどうぞ心おきなく打って下さい」といわんばかりの打者天国である。

打者の要望でストライクゾーンが変化するルールは、ＮＡ崩壊後ナショナル・リーグが発足してからもなお引き継がれ、ようやく廃止されるのは一八八七年のことである。しかしながら、投手の苦難は依然として続く。こんどはそれと引き替えに四ストライク＝アウト、五ボール＝ワンベース（つまり四球ならぬ五球である）のルールが導入されるのである。どこまでも打者優位を保とうという方針だった。これではいくらストライクゾーンが正規の広さに戻ったところで投手としてはたまらない。さすがにこの四ストライク五ボール制は一シーズン限りで廃止されるのだが。このようにさまざまな手かせ足かせをはめられつつも、プロの一流投手は知恵をしぼり、工夫をこらして打者を抑え込もうとしたのである。

現在よりも大幅に短い投手－打者間の距離を除けば、唯一投手に有利といえるのが「（フォア）ボール」のルールだった。というのも、打者は三つのボールで一塁に行けるきまりになってはいたのだが、アンパイアは「ゲームの進行が遅れるからストライクゾーンを外れたボールを投げないように」と投手に何度か警告した後でなければボールのコールはおこなわないので、投手は四球どころか、それをはるかに上回る数のボールを投げるまで打者を歩かせる気づかいはなかったからである。アンパイアによる警告の回数までは明確に決まっておらず、きわめてアバウトだった。

七四年になると、「アンパイアはストライクゾーンを外れるボール三つごとにボールとコールするように」と定められたから、三かける三、実質ナイン・ボールでようやく打者は一塁に歩けるのである。しかしこれとても、「投手はストライクゾーンに打者の打ちやすい球を投げるのが仕事」という原則から外れてはいない。

話を七一年の開幕戦に戻そう。雨模様だったから――雨模様にもかかわらず、というべきか――集まった観衆は二百人ほど。当時はチケットを持っていれば、一塁または三塁の脇に自前の馬車をとめて車内からゲームを観ることが許されていたから、雨を避けて車内から観戦する観客も多かったことだろう。まだホームチームが後攻というしきたりはなく、コイントスに勝ったケキオンガスが後攻を選んだ。アンパイアは複数制ではないので、たったひとりのアンパイアがプレイボールを宣した。上述したように投手にさまざまなハンディキャップがあったにもかかわらず、この試合は締まった投手戦となった。

ケキオンガスは二回に二塁打で出た五番レノンを、二死後に八番マクダーモットが返して先取点。五回には、ヒットで出塁し二つのパスボールで三進した九番ケリーが、一番セルマンの内野ゴロの間に生還して渋く追加点を挙げた。この2点を投手ボビー・マシューズが守り切り、ケキオンガスが2対0で勝利をおさめたのである。『シカゴ・トリビューン』紙の特派員が「アメリカ史上最高の好ゲーム」と評したほど、内容も充実していた(6)。しかも、完封勝利は結局このシーズンを通じて四回しか記録されなかったから、きわめて価値のあるものだった。何しろ当時のグラウンド状態は現在の整備されたそれとは比べようがないほど劣悪で、内外野のエラーが日常茶飯だったから、2対0というスコア自体が驚異的なのである。

余談ながら、記録に残る史上初のシャットアウト・ゲームは、六〇年十一月、ブルックリン・エクセルシオールズが聖ジョージ・クリケット・クラブ（ハリー・ライトが在籍していたことのあるクラ

図38　ボビー・マシューズ

ブである）相手に25対0（！）と圧勝した試合である。四五年にニューヨーク・ルールが制定されてから十五年間も完封がなかったのも、打者偏重のゲームだったことを考えれば驚くにはあたらないけれども。

勝利投手になったマシューズはこの時代を代表する好投手で、開幕戦当時弱冠十九歳。一六五センチ六六キロと小柄ながら、投球のたびに投げ方を変えて打者を幻惑し、封じ込んだと伝えられる。七六年から八二年まではナショナル・リーグで投げ、八七年にアメリカン・アソシエーション（八二年から九一年まで十年間ナショナル・リーグと共存していたもうひとつの大リーグ）のフィラデルフィア・アスレティックスで現役を終えるまで、十七年間に二九八もの勝ち星を積み重ねた。これは殿堂入りしていない投手としての最多勝利である。マシューズには、スピットボールの開発者という、有り難いんだか有り難くないんだかよくわからない称号も与えられている。(7)

§5　不備があったリーグ戦のルール

こうして開幕したNA初年度のシーズンだったが、先に述べたようにリーグ戦そのもののルールが不備だったために、五回戦で一方が三勝したあともゲームがおこなわれたり、シリーズの決着がつかないうちにエキジビション・ゲームを間にはさんで計六試合以上がおこなわれたり（公式戦なのかエキジビションなのか判然としないことすらあった）と、公式の勝利数と敗戦数があいまいなまま放置され、終盤に至ってしまった。したがって、どのクラブが優勝しそうなのかという肝腎なことがわからない。いっこうに態度を明確にしないチャンピオンシップ委員会に業を煮やした『クリッパー』紙は、十月十四日の紙面に勝敗表を掲載した。それによると、優勝の可能性があるクラブは、すでに全日程を終了して二四勝十二敗のレッド・ストッキングズ、直接対決の一試合を残すアスレティックス（二四勝十三敗）とホワイト・ストッキングズ（二四勝十四敗）の三つにしぼられた。勝率からいえばレッド・ストッキングズの優勝は確定ということになる。

だが、ついに明らかになったチャンピオンシップ委員会の見解は『クリッパー』紙のそれとは異なっていた。まず、『クリッパー』紙が掲載した記録には、委員会が無効とみなす〝消化試合〟とエキジビション・ゲームが含まれていたからである。さらに、事態をいっそう複雑にする要因が二つ加わることになる。

ＮＡには、別のクラブに移籍したプレイヤーが移籍後六〇日間ゲームに出ることを禁じた規定があるのだが、ロックフォード・フォレスト・シティズ（以下ロックフォードと略す）の捕手スコット・ヘイスティングズがこの六〇日間規定に抵触するということが発覚したのである。したがって、ヘイスティングズに出場資格がなかった期間にロックフォードが挙げた四つの勝ちは負けに訂正しなくてはならない。それがひとつ。もうひとつは、経営破綻によってＮＡを途中離脱したケキオンガスの記録をどう取り扱うかである。離脱するまでの戦績は六勝十三敗。ただし、ヘイスティングズがらみのロックフォード戦の負け一試合が勝ちに変わって七勝十二敗に変更。しかしながら、途中離脱のために消化できなかった九試合すべてを不戦敗とみなすことになり、公式記録上は七勝二一敗とされたのである。

そこで、ペナント獲得に最も近い上記三クラブに対し、ロックフォードの無効試合の勝敗を変更し、しかるのちにケキオンガス戦の不戦勝を加える、という修正作業がおこなわれ、勝率が比較された。その結果、アスレティックス二一勝七敗、ホワイト・ストッキングズ二〇勝八敗となり、二二勝十敗のレッド・ストッキングズは圏外に去り、十月三〇日の直接対決に勝った方が優勝という最終決定が下されるに至ったのである。両軍の対戦成績はそれまで二勝二敗の五分だったから、名実ともに決着戦と呼ぶにふさわしい。それまでの勝ち点はといえば、レッド・ストッキングズが七、アスレティックス六、ホワイト・ストッキングズ五であり、ホワイト・ストッキングズはたとえ決定戦に勝ったとしても勝ち点六にしかならず、レッド・ストッキングズに及ばない。つまり、優勝チームが勝率で他を上回っても勝ち点で劣るというケースが想定されるわけである。しかし、チャンピオンシップ委員会はこの時点で勝ち点を完全に無視することにしたのだった。(8)

図39　フィラデルフィア・アスレティックス(1871年)

§6　開幕年のペナントの行方と個人成績

優勝決定戦はホワイト・ストッキングズの主催ゲームだったが、十月八日から十日にかけてシカゴを見舞った歴史上名高い大火災のため、気の毒にも本拠地のボールパークを失ってしまい、ブルックリンのユニオン・グラウンズを借りて開催するはめとなった。そのため、観衆は五百人ほどしか集まらず、天下分け目のビッグ・ゲームというのに雰囲気はいっこうに盛り上がらない。ホワイト・ストッキングズはクラブハウスどころか用具類も焼失してしまい、この日はユニフォームまで借り物だった。精神的なショックも尾を引いていたにちがいない。そういった被災の影響があったにしてはよく健闘したものの、一時間三五分という短時間ゲームで1対4と勝利には届かず、アスレティックスが初年度覇者の栄誉に輝いたのである。

チーム打率三割一分、一試合平均約十三得点（NA平均は九・八点）という自慢の打撃力がもたらした優勝だった。最終的には勝ち星、勝ち点ともにレッド・ストッキングズに並んだから何とか面目を保てたのだが、チャンピオンシップ委員会としては何とも危うい綱渡りだった。最終的な勝敗と順位は以下の通り。

	試合	勝	敗
アスレティックス（ペンシルヴェニア州フィラデルフィア）	29	22	7
レッド・ストッキングズ	33	22	10

（マサチューセッツ州ボストン）			
ホワイト・ストッキングズ（イリノイ州シカゴ）	29	20	9
ミューチュアルズ（ニューヨーク州ニューヨーク）	35	17	18
オリンピックス（ワシントンＤＣ）	33	16	15
ヘイメイカーズ（ニューヨーク州トロイ）	30	15	15
フォレスト・シティズ（オハイオ州クリーヴランド）	29	10	19
ケキオンガス（インディアナ州フォート・ウェイン）	29	7	21
フォレスト・シティズ（イリノイ州ロックフォード）	27	6	21
エックフォーズ（ニューヨーク州ブルックリン）	｜	｜	｜

あと一歩のところでペナントを逸した失意のホワイト・ストッキングズには、さらに追い打ちをかけるような不幸な出来事が待っていた。本拠地復興のめどが立たないため、NAにとどまることが不可能になったのだ。シカゴが大火から復興し、このクラブがNAに復帰するのは七四年のことである。優勝候補の大本命だったボストン・レッド・ストッキングズは、チャンピオンシップ委員会の奇妙な決定はともかくとして、主力選手の故障離脱がたたって、前評判通りの強さを発揮することができなかった。

八位のケキオンガスはせっかく幸先の良いスタートを切りながら、前述のように、経営破綻が原因で八月中旬にリーグを離脱してしまった。ケキオンガスの代役で途中からNAに加入したブルックリンの古豪エックフォーズはペナントレースには参戦しておらず、勝ちも負けもなし。もともとケキオンガスは株主のいる組織ではなく協同組合的なクラブで、入場料収入だけをあてにしていたから経営基盤が弱かった。しかも、エースのボビー・マシューズをはじめ、プレイヤーは借り物だった。

どういうことかというと、オリオールズ（もしくはパスタイムズ）という通称を持っていたメリーランド・ベース・ボール・クラブが、七〇年に遠征先のフォート・ウェインで文無しになってしまったため、そのまま居残ってフォート・ウェイン市のためにケキオンガスと名乗ってプレイすることに同意したのだった。芸（ベースボール）は身を助く、というところか。大器の片鱗を見せながらこの年六勝十一敗に終わったマシューズは、チーム自体の崩壊により翌七二年に古巣ボルティモアのカナリーズに移り、二五勝を挙げてその潜在能力を開花させる。七三年からニューヨーク・ミューチュアルズに迎えられると、七四年には四二勝をマークし、押しも押されもせぬ大エースに成長するのである。

個人成績をみてみよう。試合数三〇前後とはいえ、ホームランの最高はたかだか四本にすぎない。明らかに飛ばない粗悪なボールだったろうし、速球が売り物のジム・クレイトンならいざ知らず、投法に厳しい制約のあった投手からはジャストミートすれば飛距離が出るような回転のいい快速球は望むべくもなかった。最高打率は四割九分二厘、少ない試合数から言えば妥当な数字だろうか。優勝したアスレティックスの三塁手レヴィ・マイヤールが本塁打、打率の両部門でトップだった。マイヤールと並ぶ四ホーマーを放ったのは、当時のベースボール・プレイヤーにはまれなユダヤ系のリップ（リップマン）・パイク（トロイ・ヘイメイカーズ）である。ついでながら、パイクのチームメイトには、ヒスパニック初の大リーガー、エステバン・ベランがいた。

投手はどのチームもエースがほぼ一人で投げきる昔の高校野球のようなシステムで、控えは一人かせいぜい二人だった。最多勝は十九勝を挙げたスポルディング。スピードはあまりないが、制球力にすぐれ、打者のタイミングをはずす術に長けていたという。防御率も二位の好成績。ただ、奪三振（四振）に関して言えば、二五七回三分の一を投げてわずかに二三個、一試合平均で一個未満と極端に少ない。奪三振が最も多かったアル・プラットでさえ約六・六イニングに一個、一試合平均にすると一・三個少々にすぎなかった。打者が三振することはきわめて珍しかったのだ。それはそうだろう。実質的には四振だったのだし、ファウルをストライクに数えない打者偏重のルールも存在していたのだから。

投手が三振の山を築けないとすれば、現在以上に守備力が重要な要素となるベースボールがおこなわれていたことになる。実際、当時のスコアをみると、一試合で両軍合わせて二十前後のエラーを記録した〝守乱〟のゲームも珍しくなかった。現在のように整備の行き届いていない劣悪なグラウンドで、すべてを素手で処理せねばならないこと考えれば、それも無理はない。逆に言えば上位チームは、そういった悪条件にもかかわらず守備がしっかりしていたであろうことをうかがわせる。

防御率は二・七三が最高。投手から本塁までの距離が現在よりずっと短いことを除いてほとんど打者有利のルールだったことを考えれば、よく抑えているほうだろう。何といっても一流投手は、ルールでがんじがらめにされながらもさまざまに工夫をこらし、打者に思い通りのスイングをさせなかったのだろう。面白いのは、プレイング・マネジャーのハリー・ライトが外野を守りながらクローザーもつとめ、一勝三セーブを挙げていることだ。投手は先発完投が当たり前でリリーフをほとんど必要としない時代にあって、クローザーの草分けとなったのは、〝プロフェショナル・ベースボールの父〟その人であった。

§7　投手に朗報——カーブが投げられる！

翌七二年のシーズンには、投手たちにとって朗報があった。肘を曲げて手首のスナップを効かせる投法がルール上許可されることになったのだ（ただし、リリースポイントは相変わらず臀部より下でなければならなかった）。それによって、カーブを投げることが可能になった。スナップを効かせることで球速も増しただろう。そのせいか、防御率一点台の投手が二人出た。七五年には一点台八人（規定投球回数を七五回とした場合）を数えるまでになる。しかし、奪三振が極端に少ない傾向はほとんど変わっていない。しかし、横手投げが正式に許可された八二年には、一試合平均奪三振は四・五個にまで急増している。

八三年にリリースポイントが肩より下であればどんな角度から投げてもよいことになって五・二個となり、八四年にオーバーハンドが解禁になると、六・八五個にまで増えている。最多奪三振数でいえば、八三年は三五九個、八四年は四四一個と、いよいよ打者受難の多奪三振時代を迎える。三振奪取の醍醐味に投手も観客もめざめ、ベースボールの質もまた変化していくのである。

ウィリアム・アーサー（通称キャンディ）・カミングズといえば、たいていの本や事典にカーブの創始者、史上初めてカーブを投げた男、と書かれている伝説の投手である。(9) カーブを発明したのが誰かについてはいまだに議論が絶えないが、最有力候補のひとりであることは間違いない。

本人の弁によれば、まだ十代だった寄宿学校時代の一八六五年に、アンダーハンドでハマグリの殻を投げると右に曲がることに気づき、ボールで実験を重ねた結果、浮き上がってから落ちる変化

図40　ブルックリン・スターズ時代のキャンディ・カミングズ

球をマスターしたのだという。これまた本人の回想によると、実戦で初めて試したのは六七年十月七日の対ハーヴァード大学戦だったが、うまく曲げることができずに、大学生相手に6対18の苦い敗戦を喫している。カミングズは、身長一七五センチで体重は五五キロに満たない華奢な体格をカーブで補い、プロの世界を生き抜いた。プロでの実働はわずか六年、通算一四五勝（うち、ナショナル・リーグでは二シーズンで二一勝のみ）という、抜群とはいいかねる成績にすぎなかった。しかも、ピッチングの出来不出来の差が激しすぎることから、たびたび八百長疑惑を招いていたにもかかわらず、カーブ開発の功績を認められて、すんなり殿堂入りを果たしている。

　そのカミングズがニューヨーク・ミューチュアルズの投手としてNAデビューを飾ったのは、NA創設二シーズン目の七二年春、二三歳の時だった。

　ミューチュアルズに入団する以前、ブルックリン・スターズにいたカミングズはオープン戦でカーブを駆使して好投したが、相手チームからは「ルール違反の横手投げじゃないか」とさんざん野次られている。どうやら、ジム・クレイトンとは別の意味で反則すれすれ（いや、明らかに反則かもしれない）の投げ方だったふしがあり、反則を反則と見破られないようにする技術は、クレイトンほど高度ではなかったようだ。投法のルールが改正されて堂々とカーブを投げられるようになった七二年にNAデビューできたのが、カミングズにとっては幸いだった。このルーキーは、リーグ最多の四九七イニングズを投げる鉄腕ぶりで、三つの完封勝ちを含めて三三勝二〇敗、三八勝のスポルディングに次ぐ第二位の勝ち星をあげる好成績をおさめた。防御率は二・九七。ただし、奪三振は四三個（平均十一・六イニングに一個）にとどまっており、イメージと違って、得意のカーブで打者をバッタバッタと三振に切ってとる、というわけではなかった。三振は生涯通算でも二一五〇イニングズで二五七個にすぎない。それでも、七四年六月のシカゴ・ホワイト・ストッキングズ戦では、当時としては驚愕ものの（現在でもそうめったにお目にかからない）六者連続奪三振を記録し、七五年には四一六イニングで八二の三振を奪って奪三振王（当時はそんなタイトルはなかったが）になり、魔球投手の面目をほどこしている。

当時、限られた投手しかマスターしていなかったカーブの使い手としては他に、カミングズと同期のルーキー、フォーニイ・マーティン（トロイ・ヘイメイカーズ）がいた。記念すべきNA開幕ゲームの勝利投手となったボビー・マシューズもまた、カーブの創始者候補のひとりとされている。マシューズはどうやら、肘をしならせ手首のスナップを利かせてボールを曲げるすべを習得していたらしい。前述のように七四年には自己最多の四二勝を挙げたばかりか、NA時代唯一の年間三桁奪三振（ちょうど一〇〇個）を記録している。

§8　V４達成！　ボストン・レッド・ストッキングズ

さて、お雇い外国人のホレース・ウィルスンが日本に初めてベースボールを伝えたとされる七二年（明治五年）、NAは二シーズン目を迎える。アマチュアの古豪アトランティックスなど五クラブが新規参入して（エックフォーズは所属こそ二年目ながらペナントレースへの参加は初めて）、計十一のクラブでペナントを争うことになった。創設メンバーはやっと五つが名をつらねるだけという有様で、移り変わりが激しい。五回総当たり制から七回総当たり制に変更されたが、まともに試合スケジュールを消化できないクラブが続出してしまい、消化ゲーム数のばらつきは相変わらずだった。上位五クラブが揃って勝率六割をこえたものの、下位六クラブは二割台以下と、強弱が両極化してしまう。そんななかで、もともと力のあったボストン・レッド・ストッキングズが独走して三九勝八敗、勝率八割三分の高率で文句なしに初の栄冠を手にする。前年優勝のアスレティックスは三〇勝十四敗の好成績ながら四位に甘んじた(10)。

レッド・ストッキングズは以後七五年まで四年連続でペナントレースを制する。シンシナティを逐われたハリー・ライトが、ボストンに新しい王朝を築き上げたのである。四連覇した四年間の通算成績はといえば、二〇五勝五〇敗の勝率八割。とりわけV４の七五年は圧倒的だった。開幕二六連勝でスタートダッシュに成功し、終わってみれば七一勝八敗（ホームでは負けなしの三七戦全勝）、九割近い勝率で二位に十八・五ゲームの大差をつけたのだ。ことわっておくが、一四〇試合とか一六〇試合ではなく、八〇試合前後での十八・五ゲーム差である。まさに段違い、異次元の実力を見せつけるかのような、ぶっちぎりの独走だった。

七四年には、ベースボールの宣伝普及のためシーズン中にアスレティックスを帯同して英国及びアイルランドへのツアーを敢行したため、変則的な強行日程を強いられたにもかかわらず、二位に七・五ゲーム差をつけて危なげなくペナントを握っている。物静かだが発する一語一語に説得力のあるハリー・ライトは各プレイヤーに自信を植えつけ、チームをまるで一個の有機体のようにひとつにまとめ上げて、最高の力を発揮させることができたのだった。ハリーは監督として五年間で二二七勝、NA崩壊後ナショナル・リーグでも指揮をとり、通算一〇四二勝をあげている。弟のジョージはNAとナショナル・リーグで五九一試合に出場、七一年に自己最高の四割一分二厘をマークするなど、

図41　ボストン・レッド・ストッキングズ（1875年）

三割二厘の生涯打率を残した。

§9　アルバート・スポルディング——ボストンの大黒柱

レッド・ストッキングズの投の大黒柱は、「西部最高の投手」から、いまやNAのナンバーワン・ピッチャーにのし上がったスポルディングである。

図42　アルバート・スポルディングのスコアカード

一八五センチの長身、「砲弾並みの正確さ」と評された無類のコントロールを誇るスポルディングは、一八七一年から五シーズン連続で最多勝に輝き、通算では二〇四勝。七四年にボビー・マシューズが四二勝してもリーグ最多勝でなかったのは、スポルディングが五二勝（十六敗）をマークしたからである。だが、翌シーズンの七五年はさらにそれを上回り、じつに五四勝五敗（つまり、七四、七五年の二年間で一〇〇勝を突破しているのである）の勝率九割一分五厘。持ち前の投球術がさえわたり、なおかつ、エラーが頻発する〝守乱〟傾向の時代にあって、バックの守備も堅かったのだろう。登板は全八二試合中なんと七二試合。ローテーションが確立して登板間隔を何日もあける時代とは違って、ほとんど一人で投げるわけだから、チームの戦績とほぼ等しいのは当然だが、それにしても、投手の成績とは思えない、すさまじい数字であることは確かだ。

ただし、レッド・ストッキングズがシンシナティの元祖レッド・ストッキングズを彷彿とさせるような盤石の常勝体制を築き上げたのとは裏腹に、組織としてのNA自体は、発足当初からさまざまな問題点を抱えていた。

§10 プレイは一流、運営は三流のナショナル・アソシエーション

そもそも組織名からして、かつてのNABBPにプロフェショナルのPを加えただけのNAPBBPで新味がなく、新たな理念のもとに新しい試みに挑戦しようという意気込みが感じられない。じっさい、規約もプレイのルールも、アマチュアであるNABBPのものをほとんどそのまま踏襲しただけだった。安易にNABBP時代の延長としか考えていなかったふしがある。それは、ゲームを裁くアンパイアという存在の軽視にも表われている。

いやしくもプロのクラブ同士が対戦するというのに、アンパイアは専任のプロでなく、無給のボ

ランティアにすぎなかった。アンパイアの人選は対戦する両クラブの合意にもとづいて決まるのだが、ルールの知識や判定の技術はいっさい問われない。そもそも専門職として認識されていないのだから、技術を磨く訓練の場もなければ、養成スクールもなく、レベルが低いのは当たり前。プレイ経験はあったとしてもルールに通じた者はほとんどいないというありさまだった――まれに、深い知識と公正さに定評のある者もいないではなかったが[11]。たいていは当日対戦するいずれかのクラブの元プレイヤーや控え選手といった利害の絡んだ人間が選ばれるから、公正中立を望むのはどだい無理な話。そうとなれば容易に推察できることだが、あからさまに身びいきしたり、ホームチームやファンの圧力に屈して地元クラブ寄りの判定を下したりということが珍しくなかったのである。

リーグ戦によるペナントレースというせっかくのアイディアにも欠陥があった。どんなクラブであろうとフランチャイズ料の一〇ドルさえ払えば、参加資格を審査されることなくペナントレースに加わることができる。むろん、観客動員数にかかわる重要な要素である本拠地の人口も不問に付されていた。そのため、一シーズンを戦い抜く実力も観客動員力も経済力も不足しているクラブが、参加したまではいいけれど、初年度のケキオンガスのように行き詰まって途中離脱していく、というケースがよく見られた。

七五年には新たに六クラブが加わって計十三クラブで開幕しながら、まがりなりにもスケジュールを消化できたのは七クラブだけ。初年度にペナントレースに参加した九クラブのうち、七五年まで残っていたのはレッド・ストッキングズ、アスレティックス、ミューチュアルズのわずかに三クラブにすぎなかった。これほどの出入りの激しさをみると、プロを名乗ってはいても、多くのクラブのプロ意識が稀薄だったとしか思えない。

また、総当たり五回戦制は先に三つ勝てばそこで打ち切りになるシステムだから、大学のリーグ戦のようにクラブごとに試合数がまちまちになってしまう。それでいて、大学のように勝ち点制ではないから、順位の決定に依然として不透明性がつきまとった。七二年には七回総当たり制、七三年は九回制、七四年は十回制と次第に増えていき、どちらかが勝ち越しても打ち切らずに最後まで戦うのが基本になるのだが、離脱するクラブがあとを絶たず、最終的に試合数が一致しなくなるという事情はいっこうに改善されなかった。七二年以降は首位と二位が僅差で競り合うことがなかったからよかったものの、試合数が異なるのに勝率を無視して相変わらず勝ち星の多寡でアバウトに順位を決めていた。理解に苦しむ杜撰さである。

しかも、試合日程はＮＡが決めるのではなく、いつ試合を組むかはすべて個々のクラブに任されていた。クラブ同士がその都度交渉してやっと日程が決まるありさまで、現在のように、シーズン開始前に全日程が決まっているわけではなかった。よく言えば各クラブの自主性を重んじているのだが、悪く言うと、ＮＡがクラブにゲタを預けて何もしないのだから無責任なことこの上ない。

各クラブがこれから一シーズン戦おうというのに、あらかじめ日程が決まっていないとは、何ともいい加減な話である。そうでなくても、リーグ戦に参加するクラブの数が奇数だと、同じ日に全クラブが試合をすることができない。すべてのクラブができる限り公平な条件のもとでペナントを争うのが大前提なのに、それすら守られていないわけだ。また、途中離脱するクラブも少なくなく、いきおい日程の変更は頻繁になり、ただでさえ変則的な日程はさらに変則化する。せっかく観戦に行こうと思ったファンも、先の予定が立てられずに迷惑をこうむる。観客動員にも悪い影響を与えたにちがいない。

このように、NAにはプロのリーグ戦が興行としてきちんと成り立つための二つの基本要素――すなわち固定した参加メンバーとあらかじめ決められた日程――が欠如していた。史上初めてのプロ組織で仕方がない部分もあるとはいえ、何とも呆れた、ちゃらんぽらんな運営ぶりである。グラウンドでのプレイは当時の一流でも、運営面は三流といったところだろうか。

しかも、シーズンを重ねるにしたがって各クラブの戦力格差は開くばかり。それもそのはず、資金が潤沢なクラブはいくらでも一流プレイヤーを獲得できるが、貧しいクラブは二流三流で間に合わせるしかない。クラブ間の貧富の差が戦力差に直結するという単純な仕組みになっていたのだ。格差を監督の能力や作戦上の工夫によって補おうとしたところでどうしようもない。当然、戦績は戦力格差を如実に反映したものとなる。戦う前からどちらが勝つかわかってしまうようではファンの興味がわくはずがない。

七五年はレッド・ストッキングズが七一勝八敗だったのに対し、ニュー・ヘイヴン・エルム・シティズは七勝四〇敗。アマ時代の強豪で七二年から参加していたブルックリン・アトランティックスにいたっては負けも負けたり、惨憺たる、としかいいようのない二勝四二敗（うち、優勝したレッド・ストッキングズ、二位のハートフォード・ダーク・ブルースという上位二強との対戦成績は推して知るべしの二〇戦全敗)。しかも、両クラブともNAを中途離脱だからなお始末に負えない。最高勝率が九割、最低がたったの四分五厘（!）というあまりに極端な戦績差は、いやしくもプロのトップ・リーグではあってはならないことだ。ボストンが四年連続でペナントを握り、しかも他をはるかに引き離しての独走優勝ばかり、ときては、〝ひとり勝ち〟状態に対する他のクラブの鬱憤が積もりに積もっていたであろうことは想像に難くない。

NAには、チケットの売り上げがほとんどプレイヤーのふところに入ってしまうという構造的欠陥があり、ビジネスとして魅力的ではなかった。シンシナティ時代のレッド・ストッキングズのように、いくら入場料収入があっても、プレイヤーの高額なサラリーに消えてしまい、クラブの利益は上がらないのだ。ところが、クラブ経営者（株主）には――最強チームを切り捨てたシンシナティの株主とは違い――投資すること自体を名誉と考えるタニマチ気分の手合いが多く、採算についてはあまり頓着していなかった。一種の放漫経営がNAに蔓延していたといっていい。

§11 NAをむしばむ害毒、その1――リヴォルヴィング（渡り歩き）

それだけではなく、NAは二つの害毒にむしばまれていた。ひとつは、いわゆるリヴォルヴィング（渡り歩き）の弊害である。売り手市場で引く手あまたのトップクラスは、誘いがあればあっさりとチームを替える。あいにくなことに、〝チーム愛（クラブ愛）〟などという殊勝なものは持ち合わせていないのである。ひどいのになると、より高額のサラリーを求めて、条件のいい方へと次々に移っていき、短期間のうちにいくつものクラブを渡り歩くことになる。いやはや、タチの悪いフリーエージェント制度である。いや、フリーエージェントそのものも、腕ききの代理人が高額年俸をふっかけて球団経営を圧迫し、それがめぐりめぐって入場料の値上げとなって観客にも負担を強いることになるわけだから、かなりタチが悪いけれども。

そうやって渡り歩くプレイヤーはリヴォルヴァーもしくはラウンダーと呼ばれた。その第一号は、ベースボール界のスーパースター第一号、ジョン・クレイトンだとの説がある。殿堂入りしたキャンディ・カミングズも、十三年間で十一球団を渡り歩いた札付きのリヴォルヴァーであった。

リヴォルヴィングはNABBP時代からあり、五六年にはニッカボッカーズとユニオンズの両クラブが、ユニオンズからゴッサムズに移籍したばかりのピンクニーという選手を使わないよう、ゴッサムズに強硬に申し入れたという話が残っている。

はじめのうちは罰則がないから歯止めがきかず、野放し状態だった。やっと、移籍後三〇日間は新しいクラブの一員としてゲームに出られない、という規定ができたものの効果がなく、六八年になると三〇日間が六〇日間に延長される。NA初年度にもこの罰則条項が生きていて、ロックフォーズのスコット・ヘイスティングズはそれに引っかかったのである。六〇日といえば六カ月間のシーズンのうち三分の一で、長いと言えば長いが、当初から計算に入れておけば大した被害ではないから、リヴォルヴィングはいっこうに減らなかった。

七十五年のシーズン前にはデイヴィ・フォースという選手の二重契約が発覚したが、結局おとがめなしとなり、ますます契約をないがしろにする風潮がはびこる。NA結成以前にまでさかのぼれば、このデイヴィ・フォースとダグ・アリスン（元シンシナティ・レッド・ストッキングズ）は、六九年からの八年間で八球団を渡り歩いている。〝記録保持者〟となると、七年間に九球団でプレイしたジョージ・ゼットラインにとどめを刺す。ゼットラインは、アトランティックス時代の七〇年に、あの無敵を誇ったレッド・ストッキングズの連勝を止めたゲームの勝利投手であった。[12]

§12　NAをむしばむ害毒、その2――ギャンブルと八百長

もうひとつは、ギャンブラーの関与する八百長である。これは何もプロ化によって始まったことではない。本来、勝負事には賭けがつきものである。勝つか負けるか、二つにひとつとなれば、おのずと賭けが発生する。ホモ・ルーデンスとは賭けをしたがる動物でもあるのだ。六〇年代後半にはベースボール賭博が当たり前のようにおこなわれていた。[13]やっかいなことに、賭博からプレイヤーに対する八百長の勧誘まではほんの一歩の距離にすぎない。記録に残る最初の八百長スキャンダルは六五年にまでさかのぼる。九月二八日のゲームでブルックリン・エックフォーズが28対11でニューヨーク・ミューチュアルズを破ったのだが、試合後、ミューチュアルズ三選手の八百長が発覚したのである。

クラブ自体がギャンブラーや腐敗政治家と結びついていることもあった。七一年と七二年にNA

メンバーだったトロイ・ヘイメイカーズ（別名ランシングバーグ・ユニオンズ）の創立者は、こともあろうにニューヨークのギャンブラーの親玉ジョン・モリシー元下院議員である。前章でふれたように、六九年、レッド・ストッキングズが全米ツアー中にこのヘイメイカーズと対戦したゲームでは、五回を終わって17対17の同点という時に、ヘイメイカーズの監督と会長が突如主審に激しく食ってかかった。二人は執拗で、抗議はいつ果てるとも知れず、業を煮やした主審はとうとう没収試合を宣告してしまったのだが、ある新聞は後日、モリシーが自分のチームの勝ちに一万七千ドルを賭けていた（風評にすぎないだろうが、六万ドル――現在の貨幣価値だと二百万ドル――との説もある）ことが騒動の原因だった、と報じている。

その臆測を信ずるなら、賭け金を失うのをおそれていたモリシーは、強敵中の強敵相手に勝つのは難しいとみて、スコアが同点の時点でゲームをぶちこわすよう監督、会長に指示したということになる。この試合は、無敵軍団レッド・ストッキングズが六九年に唯一勝ち切れなかったゲームである。そのまま続いていればどんな結末が待っていたのだろう。ついでにいえば、このゲームでレッド・ストッキングズのエース、ブレイナードは最初の二イニングズだけで大量13点を献上しており、八百長への関与が疑われたのである。(14)

七〇年には、ニューヨーク・シティを牛耳る悪名高い腐敗政治家ウィリアム・M・トウィード、人呼んで〝ボス〟トウィードがミューチュアルズに七五〇〇ドルを投資したことが話題になった。トウィードなら投資の元を取るために裏で八百長を仕組みかねない、との臆測を呼んだのだ。そんな疑惑の正しさを裏付けるかのように、ミューチュアルズは、七一年のペナントレースで、開幕以来七試合負け知らずで突っ走ってきた好調ホワイト・ストッキングズにストップをかけたまではよかったが、その後なぜか黒星を配給しつづけ、最終的には十七勝十八敗と五割を切る尻すぼみの成績に終わってしまう。ところが、七一年の暮れにトウィードが公金横領容疑で逮捕されると、七二年のシーズンには三四勝二〇敗の貯金十四と成績を上げている。八百長仕掛け人（?）の影響力を気にせず、心おきなく実力を発揮できるようになったせいではなかったか、と勘繰りたくもなってくる。そうでなくてもミューチュアルズは、上位の強豪クラブ相手に堂々たる勝利をおさめたかと思えば、下位の弱小クラブにエラーを乱発して信じられない惨敗を喫したりする、予測不能の不可解きわまる戦いぶりで、つねに疑惑の影がつきまとうクラブだったのである。

ミューチュアルズのみならず、レッド・ストッキングズと最後まで優勝を争ってしかるべき他の有力クラブが八百長によって自滅していったふしもある。試合内容、対戦相手、スコアなどを総合して考えると、ギャンブラーの介在を疑わざるを得ないお粗末なゲームが、毎シーズン必ず見出されるのである。レッド・ストッキングズが実力的に抜きんでていたのは確かだが、有力なライバルたちが八百長に染まっていたことも、やすやすと四連覇を達成できた一因だったのではないかとすら思えてくる。疑惑を招くような手抜きゲームをすれば、当然ながら観客動員にも悪影響を与える。ファンも、真剣勝負を放棄したとしか思えないゲームをわざわざ観に行きたいとは思わないからである。

ただでさえ高額のサラリーを取っている一流プレイヤーが、発覚さえしなければ〝サイドビジネス〟の八百長によってギャンブラーから多額の報酬をせしめることができる。さらにリヴォルヴィングも事実上黙認とあって、甘い汁を吸えるだけ吸えるNA時代はある意味、プレイヤーにとって天国のようなものだった。現実を認めたがらないNAも、絶えることのない八百長の噂や世間からの疑惑の眼差しにたえかねて、ついに重い腰を上げる。七四年のシーズン前には、プレイヤー、アンパイア、スコアラーがみずからの参加するゲームを賭けの対象にすることを禁止するルールを制定し、違反者は永久追放もあり得る、と脅しをちらつかせたのだ。だが、さしたる効果はなかった。（そんなルールができたということは、それまでは当事者が平気で金を賭けていたということを意味しているわけだから、背筋が寒くなる。）

ベースボール界はサッカー界と違って、フーリガンや観客の暴動に悩まされることはなかったが、ギャンブラーを排除して八百長を根絶することはできなかった。それがのちのちまで禍根を残したのである。切除しきれずに残った腫瘍は悪性の癌細胞に転化する。すなわち、NA発足から四十八年後、一九一九年のワールド・シリーズに悪質なギャンブラーたちの魔手が伸び、全米をゆるがす悪夢のような一大八百長疑惑のブラック・ソックス事件を惹起する羽目になるのである。

そういった状態だったから、NAが短命に終わるであろうことは想定のうちではあったのだが、初年度から早くも露呈していた重大な欠陥や病巣に眼をつぶったまま、四シーズン、五シーズンとペナントレースは続いていった。心ある球界ウォッチャーたちは憂慮し、しきりに警鐘を鳴らしつづけた。チャドウィックが、疑わしい関係者を厳しく罰して八百長を根絶せよ、利益の上がらぬ弱小クラブは閉め出すべし、と球界の抜本的な改革を提唱したのは、五シーズン目の終わった翌年七六年二月のことだった（『クリッパー』紙七六年二月十二日号）。

だが、この頃にはNAというシステムの命運も、もはや尽きかけていたのだ。その予兆は七五年の七月中旬にあった。常勝軍団レッド・ストッキングを支えてきたエースのスポルディング、二塁手ロス・バーンズ、一塁手キャル・マクヴェイ、捕手ディーコン・ホワイトの四人が、翌七六年のシーズンからシカゴ・ホワイト・ストッキングズでプレイすべく契約を結んだ、との衝撃的な発表がなされたのだ。シーズン中からすでに、水面下で刷新、再編成への動きが進行しつつあったのである。

ふり返れば、アメリカン・ベースボールの基礎が固まったのは、独立宣言から七〇年ほどが経過した時だった。ちょうど建国百周年を迎えた七六年の春には、名実ともに〝大リーグ〟というべきナショナル・リーグが成立して、ベースボール界は新たな時代に突入することになるのである。ナショナル・リーグを中心に展開する十九世紀末の変動については巻をあらためなくてはなるまい。

現在ではほとんど顧みられることのない幻の大リーグ、ナショナル・アソシエーションの命運がいままさに尽きようかというところで、石器時代のボール遊びに端を発した、このささやかなベースボール史の幕をひとまず下ろすこととしよう。

註

（1）ＮＡ設立の事情に関しては主として以下による。Seymour, *Baseball: The Early Years*, pp. 59-60; Voigt, *American Baseball*, pp. 35-36; Voigt, "The Boston Red Stockings: The Births of Major League Baseball," *America Through Baseball* (Chicago: Nelson-Hall, 1976), pp. 47-64.

（2）Charles C. Alexander, *op.cit.*, pp. 21-22.

（3）Ryczek, *op.cit.*, p. 2.

（4）Michael Benson, *Ballparks of North America: A Comprehensive Historical Encyclopedia of Baseball Grounds, Yards and Stadiums, 1845 to 1988* (Jefferson and London: McFarland, 1999), p.152.

（5）当時のグラウンドの仕様やルール、用具の変遷については主として以下による。David Nemec, *The Official Rules of Baseball: An Anecdotal Look at the Rules of Baseball and How They Came To Be* (Guilford: The Lyons Press, 1994); Dan Gutman and Tim McCarver, *The Way Baseball Works;* Alvalez, *The Old Ball Game*.

（6）Thorn, *Baseball in the Garden of Eden*, p.151.

（7）ボビー・マシューズについては、Alvarez, *The Old Ball Game*, pp. 114-115; *Nineteenth Century Stars*, p. 83; Benson, *Ballparks of North America*, p. 153; Ryczek, *Blackguards and Red Stockings*, p.1.

（8）『クリッパー』紙と『ニューヨーク・タイムズ』紙は、ホワイト・ストッキングズがアスレティックスに勝った場合はレッド・ストッキングズの優勝、と考えていた。

（9）キャンディ・カミングズについては、Alvarez, *The Old Ball Game*, pp. 78-81; *Baseball's First Stars*, p.43; Ryczek, *Blackguards and Red Stockings*, p. 170; Thorn, *Baseball in the Garden of Eden*, pp.151-152.

（10）意外に試合数が少ないのは、七、八月の暑い時期には休暇をとって公式戦を組まなかったり、NA以外のクラブ相手にエキジビションの出稼ぎゲームをおこなっていたりした（時にはカナダまで遠征した）からである。レッド・ストッキングズとアスレティックスによる七四年の英国・アイルランド・ツアーも、この半シーズンオフ（もしくは半暑中休暇）ともいうべき時期におこなわれた。

（11）NAで最もルールに通じているのがハリー・ライトであることは衆目の一致するところで、未熟なアンパイアの脅威となっていた。総じてレッド・ストッキングズはルールに詳しく、微妙なプレイで判断に迷ったアンパイアがゲーム中にプレイヤーのジョージ・ライトに意見を求めたことすらある。Ryczek, *op. cit*, p. 206.

（12）フォース、アリスン、ゼットラインのリヴォルヴィングについては、Alvarez, *The Old Ball Game*, p. 104.

（13）日本での野球賭博は、第二次世界大戦前の甲子園中等学校野球大会から始まったとされる。

（14）Voigt, *American Baseball*, pp 29-30; Guschov, *The Red Stockings of Cincinnati*, pp. 76-78; Ryczek, *Blackguards and Red Stockings*, pp. 65-66; Thorn, *Baseball in Garden of Eden*, p.145. この試合、記録上は結局レッド・ストッキングズの勝ちとされたのだが、アンパイアが没収試合を宣告した時点でルール上は引き分けとなって賭けそのものは流れ、モリシーは高額の賭け金を失わずにすんだようである。

図版出典

図38 Alvarez, *The Old Ball Game*, p. 115.
図39 Nemec, *The Great Encyclopedia of 19th Century Major League Baseball*, p. 11.
図40 *The Great Encyclopedia*, p. 25.
図41 *The Great Encyclopedia*, p. 70.
図42 *The Old Ball Game*, p. 157.p

あとがき

一八四五年のモダン・ベースボール（ニューヨーク・ゲーム）の誕生を扱った『ベースボール創世記』と、そのスピン・オフともいうべき『アメリカ太平記――歴史の転換点への旅一八四五』を刊行したのは、もうかなり以前のことになってしまった。想像上の原初のボール遊びから語り起こし、実質的な〝大リーグ〟であったナショナル・アソシエーションの結成と崩壊前夜までを通観した本書が、長いブランクを経てここにようやく刊行の運びとなったことは、筆者にとって何ものにもまさる喜びである。

旧著の続編を書こうと思い立ち、当初は一八四五年以降大リーグの誕生までの歩みをコンパクトにまとめるつもりだったのだが、そのうちに従来の通説「英国のラウンダーズからベースボールへの進化」を修正する必要も感じはじめた。さらに、ベースボールの原型と思われるボールゲームがヨーロッパで遅くとも六世紀には成立していたとの推測を裏付ける有力な状況証拠が存在することを知るに至り、起点を遙か昔に設定したベースボール通史の構想がふくらんだのである。

書きためた原稿を勤め先の紀要に連載しながら出版の機をうかがっていたが、出版社との交渉は思うにまかせず、いっこうに見通しが立たない。時間ばかりが経っていき、焦りがつのるばかりだった。

そんな時、畏友鷲津浩子氏の義侠心あふれる仲介により、悠書館の長岡正博氏が（昨今の厳しい出版事情にもかかわらず）拙稿に救いの手を差しのべて下さるという幸運に巡りあうことができた。長岡さんから有益なアドバイスを受けて連載時の原稿に手を加え、本書がこうして形になった次第である。お二人に厚く御礼申し上げる。

少なからぬ数の師友から有形無形のサポートをいただいたが、とりわけ、井上正篤氏、池田孝一氏に深く感謝したい。本書によって、二人の恩師、故大橋健三郎先生と渡辺利雄先生から受けた学恩に少しでも報いることができるなら幸いである。

いつものように拙稿の最初の校正者となって厳しく眼を光らせつつ出版を心待ちにしてくれた妻篤子と、分野は違うが筆者と同じく研究者の道を歩み始めた娘綾希の二人に本書を捧げたいと思う。

二〇一四年七月

参考文献

Ackerman, Kenneth D. *Boss Tweed: The Rise and Fall of the Corrupt Pol Who Conceived the Soul of Modern New York* (New York: Carol & Graf, 2005).

Alexander, Charles C. *Our Game: An American Baseball History* (New York: Henry Holt and Co., 1991).

Allen, Lee. "Baseball's Immortal Red Stockings," *Bulletin of the Historical and Philosophical Society of Ohio* 19(1961): 191-204.

Altherr, Thomas. "A Place Leavel Enough to Play Ball: Baseball and Baseball-Type Games in the Colonial Era, Revolutionary War, and Early American Republic," *Nine: A Journal of Baseball History and Social Policy Perspectives* 8 (2000): 15-49.

_____. "Chuckling the Old Apple: Recent Discoveries of Pre-1840 North American Ball Games," *Base Ball: A Journal of the Early Game* 2. 1 (2008): 29-43.

Alvarez, Mark. *The Old Ball Game* (New Berlin: Redefintion, 1990).

Austen, Jane. *Northanger Abbey*, vol, 10. of The Novels of Jane Austen, Winchester Edition (Edinburgh: John

Grant, 1911).

Baldassarre, Joseph. "Baseball's Ancestry," *The National Pastime: A Review of Baseball History* 21(2001): 41-43.

Benson, Michael. *Ballparks of North America: A Comprehensive Historical Encyclopedia of Baseball Grounds, Yards and Stadiums, 1845 to 1988* (Jefferson and London: McFarland, 1999).

Billet, Bret L. and Lance J. Formwalt. *America's National Pastime: A Study of Race and Merit in Professional Baseball* (Westport and London: Praeger, 1995).

Birley, Derek. *A Social History of English Cricket* (London: Aurum Press, 1999).

Block, David. *Baseball Before We Knew It: A Search for the Roots of the Game* (Lincoln and London: University of Nebraska Press, 2005).

_____. "The Story of William Bray's Diary," *Base Ball: A Journal of the Early Game* 1. 2(2007): 5-11.

_____. "1609.1 Polish Workers Play Ball at Jamestown, Virginia: An Early Hint of Continental Europe's Influence on Baseball," *Base Ball: A Journal of the Early Game* 5. 1(2011): 5-9.

Bradford, William, *Of Plymouth Plantation*, ed. by Harvey Wish (New York: Capricorn Books, 1962).

Brown, Randall. "How Baseball Began", *The National Pastime: A Review of Baseball History* 24(2004): 51-54.

Burk, Robert F. *Never Just a Game: Players, Owners, and American Baseball to 1920* (Chapel Hill: The University of North Carolina Press, 1994).

Cashman, Richard and Michael McKernan eds., *Sport in History: The Making of Modern Sporting History* (St.

Lucia: University of Queensland Press, 1979).

Charlton, James ed. *The Baseball Chronology: The Complete History of the Most Important Events in the Game of Baseball* (New York: Macmillan, 1995).

Chase, Eugene Parker ed. *Our Revolutionary Forefathers: The Letters of François, Marquis de Barbe-Marbois during His Residence in the United States as Secretary of the French Legation, 1779-1785* (New York: Duffield, 1929).

Child, L. Maria. *The Girl's Own Book* (New York: Clark Austin & Co., 1834).

Cooke Cassandra. *Battleridge: An Historical Tale,* 2 vols. (1799; Gale Ecco Print Edition).

Daniels, Bruce C. *Puritans at Play: Leisure and Recreation in Colonial New England* (New York: St. Martin's Press, 1995).

Devine, Christopher. "Harry Wright," *The Baseball Biography Project.*<http://bioproj.sab.org>

DiClerico, James M. and Barry Pavelec. *The Jersey Game: The History of Modern Baseball from Its Birth to the Big League in the Garden State* (New Brunswick: Rutgers University Press, 1991).

Freyer, John and Mark Rucker. *Peverelly's National Game* (Charleston: Arcadia, 2005).

Frommer, Harvey. *Primitive Baseball: The First Quarter-Century of the National Pastime* (New York: Macmillan, 1988).

Gershman, Michael. *Diamonds: The Evolution of the Ballpark* (Boston and New York: Houghton Mifflin, 1993).

Gietschier, Steven. "Henry Chadwick," *American National Biography,* Vol. 4(New York: Oxford University Press, 1999).

Gini, Corrado. "Rural Ritual Games in Libya (Berber Baseball and Shinny)," *Rural Sociology* 4. 3(1939): 283-99.

Goldstein, Warren. *Playing for Keeps: A History of Early Baseball* (Ithaca: Cornell University Press, 1989).

Greeley, Horace. *Recollections of a Busy Life* (Boston: H. A. Brown, & Co., 1868).

Guschov, Stephen D. *The Red Stockings of Cincinnati: Base Ball's First All-Professional Team and Its Historic 1869 and 1870 Seasons* (Jefferson and London: McFarland 1998)

Gutman, Dan and Tim McCarver. *The Way Baseball Works* (New York: Simon & Schuster, 1996).

Gutsmuths, Johann Christoph Friedrich. *Spiel zur Übung und Erholung des Körpers und Geistes für die Jugend, ihre Erzieher und alle Freunds Unschuldiger Jugendfreunen* (Schnepfenthal: Verlag der Buchhandlung der Erziehungsanstalt, 1796).

Henderson, *Robert W. Ball, Bat and Bishop: The Origin of Ball Games* (1947; Urbana and Chicago: University of Illinois Press, 2001).

_____. "How Baseball Began," *Bulletin of the New York Public Library* 41(1937): 287-291.

_____. "Baseball and Rounders," *Bulletin of the New York Public Library* 43(1939): 301-13.

Hershberger, Richard, "A Reconstruction of Philadelphia Town Ball," *Base Ball: A Journal of the Early History* 1.2(2007): 28-43.

Hoerchner, Martin. "Stoolball is Alive and Well in Sussex," *SABUK Examiner* 11(1999).<http://www.sabuk.org/examiner/11/stoolball/html>

_____. "Baseball's First Reference?" *SABUK Examiner* 13(2003). <http://www.sabuk.org/examiner/13/first_reference.html>

Ivor-Campbell, Frederick, Robert L. Tiemann, and Mark Rucker, eds. *Baseball's First Stars* (Cleveland: The Society for American Baseball Research, 1996).

Jesse, John Heneage. *From the Revolution in 1688 to the Death of George the Second*, vol. 2 of *Memoirs of the Court of England*, 3 vols. (London: Richard Bentley, 1843).

Kazin, Alfred. *On Native Grounds: An Interpretation of Modern American Prose Literature* (New York: Reynal & Hitchcock, 1942).

Kidgell, John, *The Card*, Vol. 1(1755; Gale ECCO Print Editions),

Kirsch, George B. *Baseball in Blue & Gray: The National Pastime During the Civil War*(Princeton and Oxford: Princeton University Press, 2003).

_____. *Baseball and Cricket: The Creation of American Team Sports, 1838-72* (Urbana and Chacago: University of Illinois Press, 1989).

Leifer, Eric M. *Making the Majors: The Transformation of Team Sports in America* (Cambridege: Harvard University Press, 1995).

Leitner, Irving A. *Baseball: Diamond in the Rough*(New York: Criterion Books, 1972).

Lepel, Mary. *Letters of Mary Lepel, Lady Hervey* (London: John Murray, 1821).

Leuchtenburg, William ed. *American Places: Encounters with History* (New York: Oxoford University Press, 2000).

Lewis, Michael. *Moneyball: The Art of Winning the Unfair Game* (New York: W. W. Norton, 2003). [中山宥訳『マネー・ボール　奇跡のチームを作った男』(ランダムハウス講談社、二〇〇四年)]

Lewis, Robert M. "Cricket and the Beginnings of Organized Baseball in New York City," *International Journal of the History of Sport* 4 (1987): 315-332.

Light, Jonathan Fraser. *The Cultural Encyclopedia of Baseball* (Jefferson and London: McFarland, 1997).

Lowry, Philip J. *Green Cathedrals* (Cooperstown: Publication for American Baseball Research, 1986).

Maigaard, Per. "Battingball Games," *Baseball Before We Knew It: A Search for the Roots of the Game*, David Block, pp. 260-74.

Martine Martinez, David H. *The Book of Baseball Literacy* (New York: Penguin Books USA, 1996).

McCulloch, Ron. *How Baseball Began* (Los Angeles and Toronto: Warcwick, 1995).

Mehl, Erwin. "Baseball in the Stone Age," *Western Folklore* 7. 2 (1948): 145-61.

_____. "Notes to 'Baseball in the Stone Age,' " *Western Folklore* 8. 3 (1949): 152-56.

Melville,Tom. *Early Baseball and the Rise of the National League* (Jefferson and London: McFarland, 2001).

Mitford, Mary Russell. *Our Village: Sketches of Rural Character and Scenery* (London: Geo B. Whittaker, 1825).

Nemec, David. *The Great American Baseball Team Book* (New York: Signet, 1993).

_____. *The Great Encyclopedia of 19th Century Major League Baseball* (New York: Donald I. Fine Books, 1997).

_____. *The Official Rules of Baseball: An Anecdotal Look at the Rules of Baseball and How They Came to Be* (Guilford: The Lyons Press, 1999).

Nucciarone, Monica. *Alexander Cartwright: The Life Behind the Baseball Legend* (Lincoln and London: University of Nebraska Press, 2009).

Peterson, Harold. *The Man Who Invented Baseball* (New York: Charles Scribner's Sons, 1969).

Peterson, Robert. *Only the Ball Was White: A History of Legendary Black Players and All-Black Professional Teams* (New York and Oxford: Oxford University Press, 1970).

Porter, David L. ed. *Biographical Dictionary of American Sports: Baseball, A-F,* Revised and Expanded Edition (Westport and London: Greenwood Press, 2000).

_____. *Biographical Dictionary of American Sports: Baseball, G-P,* Revised and Expanded Edition (Westport and London: Greenwood Press, 2000).

_____. *Biographical Dictionary of American Sports: Baseball, Q-Z,* Revised and Expanded Edition (Westport and London: Greenwood Press, 2000).

Purdy, Dennis. *The Team by Team Encyclopedia of Major League Baseball* (New York: Workman, 2006).

Rader, Benjamin G. *Baseball: A History of America's Game* (Urbana and Chicago: University of Illinois Press, 1994).

Riley, James A. *The Biographical Encyclopedia of the Negro Baseball Leagues* (New York: Carroll & Graf, 1994).

Ryczek, William J. *Blackguards and Red Stockings: A History of Baseball's National Association, 1871-1875* (Jefferson and London, McFarland, 1992).

Sentance, David. *Cricket in America, 1700-2000* (Jefferson and London: McFarland,2006).

Seymour, Harold. *Baseball: The Early Years* (New York: Oxford University Press, 1960).

Solomon, Burt. *The Baseball Timeline: The Day-to-Day History of Baseball From Valley Forge to the Present Day* (New York: Avon Books, 1997).

Sullivan, Dean A. ed. *Early Innings: A Documentary History of Baseball 1825-1908* (Chapel Hill: The University of North Carolina Press, 1995).

Tacitus, "Germania", *Tacitus 1: Agricola, Germania, Dialogos*. The Loeb Classical Library 35(1914: Cambridge and London: Harvard University and Heineman, 1970).

Thompson, George A. "New York Baseball, 1823," *The National Pastime: A Review of Baseball History* 21(2001): 6-8.

_____. "1823.1 Game of Baseball Reported in the National Advocate," *Base Ball: A Journal of the Early Game*

5.1 (2011): 61-64.

Thorn, John. *Baseball in the Garden of Eden : The Secret History of the Early Game* (New York: Simon & Shuster, 2011).

_____. "The True Father of Baseball," *Total Baseball,* Sixth Editon, eds. by John Thorn, Peter Palmer, Michael Gershman and David Pietrusza (New York: Total Sports, 1999).

_____. "The Origin of the New York Game," *Base Ball: A Journal of The Early Game* 3 (2009): 105-125.

_____. "1791.1 The Pittsfield 'Baseball' Bylaw: What It Means," *Base Ball: A Journal of the Early Game* 5.1 (2011): 46-49.

_____. "Jim Creighton (1841-1862)," <http://www.19cbaseball.com/players.html>

Thorn, John and Mark Rucker eds., *Peverelly's National Game* (1866; London: Arcadia, 2005).

Tiemann, Robert L. and Mark Rucker. *Nineteenth Century Stars* (Cleveland: The Society for American Baseball Research, 1989).

Turner, Brian and Larry McCray, "1621.1 Pilgrim Stoolball and the Profusion of American Safe-Haven Ballgames," *Base Ball: A Journal of the Early Game* 5.1 (2011): 10-16.

Tygiel, Jules. *Past Time: Baseball as History* (Oxford and New York: Oxford University Press, 2000).

Vincent, Ted. *The Rise and Fall of American Sport: Mudville's Revenge* (Lincoln and London: University of Nebraska Press, 1981).

Voigt, David Quentin. *American Baseball: From Gentleman's Sport to the Commissioner System* (1966: University Park and London: The Pennsylvania State University Press, 1983).

_____. *America Through Baseball* (Chicago: Nelson Hall, 1976).

_____. *Baseball: An Illustrated History* (University Park and London: The Pennsylvania State University Fress, 1987).

_____. "Cash and Glory: The Commercialization of Major League Baseball as a Sports Specutacular, 1885-1892," (DSS thesis, Syracuse University, 1962).

Waggoner, Glen, *Kathleen Moloney,and Hugh Howard. Spitters, Beanballs, and the Incredible Shrinking Strike Zone: The Stories Behind the Rules of Baseball* (Chicago: Triumph, 1990).

Waley, Arthur. *The Life and Times of Po Chu-I 772-846 A. D.*(London: Allen & Unwin, 1949)

Ward, Geoffrey and Ken Burns. *Baseball: An Illustrated History* (New York: Alfred A. Knopf, 1994).

Weed, Thurlow. *Autobiography of Thurlow Weed* (New York: Houghton Mifflin, 1884).

Wells, Stanley. *Shakespeare & Co.: Christopher Marlowe, Thomas Dekker, Ben Jonson, Thomas Middleton, John Fletcher and the Other Players in His Story*(London: Allen Lane, 2006).

White, Sol. *Sol White's History of Colored Base Ball with Other Documents on the Early Black Games, 1886-1936* (1907; Lincoln and London: University of Nebraska Press, 1995).

Woolf, Virginia. *The Moments and Other Essays* (1947; San Diego, New York and London: Harcourt Brace,

1975).
Wright, Marshall D. *The National Association of Base Ball Players, 1850-1870* (Jefferson and London: McFarland, 2000).
_____. *Nineteenth Century Baseball: Year by Year Statistics for the Major League Teams, 1871 through 1900* (Jefferson and London: McFarland, 1996).
Zoss, Joel and John Bowman. *Diamonds in the Rough: The Untold Story of Baseball* (New York: Macmillan, 1989).

The Baseball Encyclopedia, Tenth Edition (New York: Macmillan, 1996).
Players of Cooperstown: Baseball's Hall of Fame (Lincolnwood: Publications International, 1986).

〈邦語文献〉

阿部謹也『物語ドイツの歴史』（中央公論社、一九九八年）
江夏豊（波多野勝構成）『左腕の誇り——江夏豊自伝』（草思社、二〇〇一年）
後藤正治『牙——江夏豊とその時代』（講談社、二〇〇二年）
新宮正春、米田厚彦『プロ野球を創った名選手・異色選手』（講談社、一九九九年）
中沢厚『つぶて』（法政大学出版局、一九八一年）

平出隆『ベースボールの詩学』（筑摩書房、一九八九年）
――『新版ウィリアム・ブレイクのバット』（幻戯書房、二〇一二年）
松谷健二『ヴァンダル興亡史　地中海制覇の夢』（一九九五年初版：中央公論社、二〇〇七年）
南川高志『新・ローマ帝国衰亡史』（岩波書店、二〇一三年）

『三国史記 上 新羅本紀』林英樹訳（三一書房、一九七四年）
『日本書紀　下』日本古典文學大系第六八巻（岩波書店、一九六五年）
『年中行事繪巻』日本繪巻物全集第二四巻（角川書店、一九六八年）
『平家物語　上』日本古典文學大系第三二巻（岩波書店、一九五九年）
『平家物語　下』日本古典文學大系第三三巻（岩波書店、一九六〇年）
『万葉集全訳注原文付（二）』中西進訳注（講談社、一九八〇年）
『倭名類聚鈔』正宗敦夫編（風間書房、一九六七年）

ウィリアム・カルヴィン（澤口俊之訳）『知性はいつ生まれたか』（草思社、一九九七年）
アルフレッド・W・クロスビー（小沢千重子訳）『飛び道具の人類史――火を投げるサルが宇宙を飛ぶまで』（紀伊國屋書店、二〇〇六年）
ヘロドトス（松平千秋訳）『歴史・上』（岩波書店、一九七一年）

ヘロドトス（松平千秋訳）『歴史・下』（岩波書店、一九七二年）
ヨハン・ホイジンガ（高橋英夫訳）『ホモ・ルーデンス』（中央公論社、一九七一年）
アメリカ合衆国国務省編（斎藤眞・鳥居泰彦監訳）『アメリカ歴史統計第一巻　植民地時代～一九七〇年』（東洋書林、一九九九年）

佐伯泰樹（さえき・やすき）

1952年生。東京工業大学外国語研究教育センター教授。アメリカ文学専攻。近年はベースボール史を中心とするアメリカ文化史、社会史を探求のターゲットとしている。祖父は戦時中の一時期プロ球団のオーナーを務めていた。著書に、『ベースボール創世記』（新潮社）、『アメリカ太平記——歴史の転回点への旅1845』（中央公論新社）。訳書に、『笑いの新大陸——アメリカ・ユーモア文学傑作選』（共編訳：白水社）、『フィッツジェラルド短編集』（岩波書店）、ロス『解き放たれたザッカーマン』（集英社）、バリ『ピーター・パン』（中央公論社）など。

ベースボールのアルケオロジー

——ボール遊びから大リーグまで——

2014年9月22日　初版発行

著　者　　佐伯泰樹
装　幀　　尾崎美千子
発行者　　長岡正博
発行所　　悠書館

〒113-0033　東京都文京区本郷2-35-21-302
TEL03-3812-6504　FAX03-3812-7504
http://www.yushokan.co.jp/

印刷・製本：（株）理想社

ISBN978-4-903487-95-3
定価はカバーに表記してあります